松花江晚霞

（本书照片凡未署名者均由松辽水利委员会和吉林省水利厅提供）

第二松花江源头丰富的长白山水资源

被誉为中国四大奇观之一
的吉林雾凇（杨瑞民 摄）

第二松花江源头之一 —— 二道白河

第二松花江鸟瞰(赵晓瑞 摄)

群峰环绕的长白山天池

长流不息的长白山瀑布

东北虎

东北三宝之一 —— 梅花鹿(邹起程 摄)

扎龙湖自然保护区的丹顶鹤

朝鲜族风情（赵晓瑞 摄）

沈阳舍利塔（苗凤舞 摄）

沈阳北陵一角（苗凤舞 摄）

吉林大学校园一角

哈尔滨冰灯（赵晓瑞 摄）

哈尔滨防洪纪念塔

中国一汽捷达轿车总装配线（潘耀武 摄）

第二松花江上游的白山水电站

全国最早的大型水利水电工程——丰满水电站

中朝界河鸭绿江云峰水电站

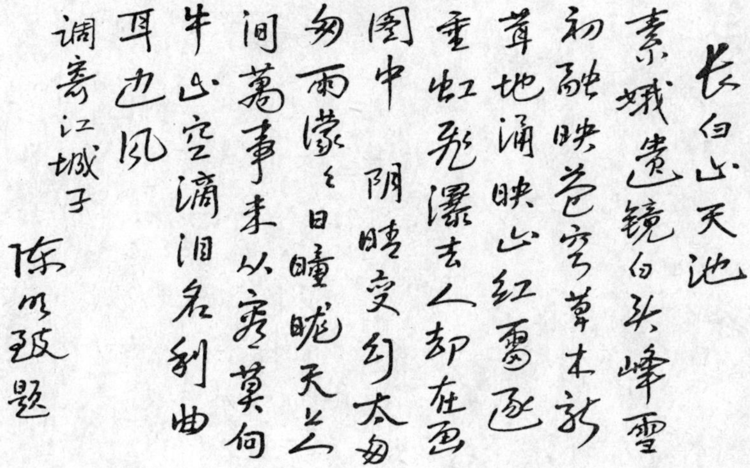

长白山天池

（江　城　子）

素娥遗镜白头峰，
雪初融，
映苍穹。
草木新茸，
地涌映山红。
雷逐垂虹飞瀑去，
人却在，
画图中。

阴晴变幻太匆匆。
雨濛濛，
日曈昽。
天上人间，
万事未从容。
莫向牛山空滴泪，
名利曲，
耳边风。

陈明致题

序

当你打开东北地区的地图时，首先映入你眼帘的便是那穿越南北、横贯东西的松花江和辽河，这两条大河把黑龙江省、吉林省、辽宁省和内蒙古自治区东部的二盟二市紧紧连结在一起，构成松辽流域的有机整体。千百年来，松辽流域各族人民吮吸着它们的乳汁生息和发展。如果说万里长江和涛涛黄河是我们中华民族的母亲河的话，那么，松花江、辽河就是东北地区各族人民的生命之河。

东北地区总面积124.5万平方公里，人口约1.1亿。这里土地肥沃，是我国重要商品粮基地，粮食产量占全国总产量的13%左右。这里工业发达，鞍山的钢铁、大庆和辽河的石油、长春的汽车、哈尔滨的动力、大连的造船、吉林的化工、沈阳的各种机械制造等，均在我国国民经济中占有举足轻重的地位。但是，东北地区水资源较为匮乏，人均占有水资源量仅相当于全国人均水资源量的1/3，而辽河流域仅相当于1/5。水资源量的匮乏现已成为东北地区社会与经济发展的主要制约因素之一。松辽流域在水资源总体上匮乏的同时，洪水灾害也十分严重。1995年辽河大洪水，1998年松花江特大洪水，均造成数百亿人民币的损失。所以，松辽流域各族人民祖祖辈辈热爱松花江、辽河，从它们那里获得舟楫灌溉之利；也畏惧松花江、辽河，怕它们放荡无羁的洪水吞噬自己的家园。

松辽流域自然资源非常丰富，帝国主义列强对此无不垂涎三尺。我们不会忘记“九一八”那个悲惨的日子。此后，日本帝国主义的铁蹄践踏这块土地长达14年之久。在抗击日本帝国主义侵略的斗争中，涌现出许许多多可歌可泣的英雄人物，也留下了许许多多激人奋进的故事。杨靖宇、李兆麟、赵一曼、八女投江……

松辽流域地处祖国的最北端。这里有辽阔的黑土地，这里有密如云海的原始森林，这里有千里冰封万里雪飘的银色世界……朋友，你想更多地了解松花江、辽河吗？请你打开《松花江 辽河300问》吧。让大家都来了解、认识、热爱和衷情于松花江、辽河吧，从而投身于开发建设和保护松花江、辽河的伟大事业中去。中华儿女向来崇尚大禹居外13年、三过家门而不入的治水精神。让我们继承先人的遗志，做出无愧于后人的更加辉煌的业绩吧！

党连文

1999年1月

前言

在祖国960万平方公里的版图上，东北以其独特的地理位置，似雄鸡昂首，世界瞩目。松花江、辽河又恰似东北大地上的双胞胎姊妹，她们各有东西两源，同向松辽平原的腹地汇聚，陪伴着1亿多勤劳、善良、勇敢、耿直、豪放的关东人；编织着有5000年历史的东北文化、民族风情；装点着124.5万平方公里松辽流域的如画江山。然后，她们又带着东北黑土地的浓郁芳香，一条向北流入黑龙江，一条向南注入渤海。

这里曾经是清王朝的发祥之地，清开国太祖努尔哈赤的宫殿，末代皇帝溥仪的伪满皇宫，这里映射着我国最后一个封建王朝的始末和兴衰；

这里曾饱受帝国主义铁蹄的践踏，日本军国主义、沙俄帝国主义从这里伸出侵华魔爪；“九一八”事变的枪声从这里震惊中外；

这里曾奏响解放全中国的第一乐章，解放战争三大战役首先从这里打响；

这里曾是我国水利水电资源开发的先导，丰满水电站成为松花江的骄傲；

这里曾是我国汽车工业、钢铁工业、石油工业、电影事业……的摇篮；

这里曾涌现出铁人王进喜、共产主义战士雷锋；

长白山的林海，天池的瀑布，太阳岛的夏日，千山的风光，吉林的雾凇；

……

我们期望通过这本书，以松花江、辽河所涵盖和惠及的昨天和今天，向读者提供一些了解松辽流域的知识和线索。全书将松花江、辽河作为一个特定的流域，分自然地理篇、历史文化篇、社会经济篇、治理开发篇，共四部分，采用问答形式，对松辽流域作一全面介绍。

本书由王俊杰主编，参加编写的还有陈志云、杜梅、王成梓、尤志方、赵亚波、孙忠。中国工程院陈明致院士对本书的编写给予极大的支持，对书稿进行了全面的审阅，并为本书赋《长白山天池》一词。松辽水利委员会党连文主任为本书作序。

本书在编写过程中，参考了许多文献和专著。黄河水利出版社的领导和朋友对本书的编写提出许多宝贵意见，在此致以衷心的感谢！

由于成书时间仓促，又水平有限，挂一漏万，难免有错误和疏忽之处，敬请批评指正。

编　者

1999 年 11 月

目录

自然地理篇

历史文化篇

社会经济篇

治理开发篇

松花江 辽河300问

自然地理篇

❶松花江有多长?

松花江有两源,北源嫩江,长1 370公里,南源第二松花江,长958公里。嫩江和第二松花江汇合后称松花江,长939公里。因此,松花江全长按北源计算为2 309公里,按南源计算为1 897公里。

❷松花江流域面积有多大?它流经几个省(区)?

松花江流域位于北纬41°42′至51°38′,东经119°52′至132°31′之间,东西长920公里,南北宽1 070公里,流域面积为55.68万平方公里,相当于整个法国的国土面积。松花江流经吉林、内蒙古、辽宁、黑龙江4个省(区),在黑龙江省同江县注入黑龙江。流域内行政区划包括黑龙江省63个市、县;吉林省32个市、县;内蒙古自治区11个市、县、旗;辽宁省只有清原县的3个乡。

❸辽河发源于哪里,流经几个省(区)?

辽河是全国七大江河之一。其上游分为东辽河和西辽河。西辽河发源于河北省平泉县燕山山脉北侧七老图山的光头山,始称老哈河,在内蒙古哲里木盟苏家铺纳入西拉木伦河后称西辽河;东辽河发源于吉林省辽源市哈达岭的隆哈岭。东、西辽河于辽宁省昌图县的福德店汇合后称辽河(即辽河干流)。

辽河流经河北、内蒙古、吉林、辽宁4个省(区)。

❹辽河有多长,流域面积是多少,在有关省(区)分布情况怎样?

辽河从老哈河源头起到盘山县入海口,全长1 394公里。辽河流域面积为21.96万平方公里，其中西辽河(包括老哈河)为13.62万平方公里，除少部分在河北省境内外，绝大部分在内蒙古自治区境内；东辽河为1.14万平方公里，均在吉林省境内；辽河中下游为7.20万平方公里，均在辽宁省境内。

5 大辽河流域面积、河长各为多少，有哪几条主要支流？

大辽河及在三岔河汇流的浑河、太子河总流域面积2.73万平方公里，以浑河源头为大辽河的源头，总长510公里(其中，大辽河为95公里)，主要支流有浑河和太子河。浑河流域面积1.15万平方公里，河长415公里；太子河流域面积1.39万平方公里，河长415公里。

6 松花江流域面积大于1万平方公里的支流有多少条？

松花江支流较多，流域面积大于1万平方公里的支流有17条。它们是：牡丹江、呼兰河、洮儿河、诺敏河、乌裕尔河、汤旺河、雅鲁河、甘河、拉林河、绰尔河、饮马河、霍林河、辉发河、讷谟尔河、倭肯河、二道松花江、蚂蚁河。

7 松花江正源在哪里？

松花江有南、北两源，南源为第二松花江，北源为嫩江。历史上曾以第二松花江为正源，据1907年《松花江志》(俄人著)、《长白征存录》、《东北地理总论》等资料，二道松花江上的二道白河被认定为松花江正源。但从河长、流量、流域面积看，嫩江均大于第二松花江，因此应以嫩江为正源，故我们称为南北两源。北源嫩江发源于大兴安岭伊勒呼里山，南源第二松花江发源于长白山天池。

❽辽河水资源量是多少？

辽河流域多年平均地表水资源量为134.44亿立方米，其中，西辽河22.8亿立方米，东辽河9.1亿立方米，辽河中下游102.54亿立方米。

全流域地下水资源量为123.19亿立方米，其中，西辽河56.36亿立方米，东辽河5.67亿立方米，辽河中下游61.16亿立方米。而地下水可开采量为75.40亿立方米，其中，西辽河、东辽河和辽河中下游分别为33.10亿立方米、3.6亿立方米、38.70亿立方米。

地表水与地下水资源量之和扣除二者重复水量43.70亿立方米后，辽河流域水资源总量为213.93亿立方米。

❾辽河流域水资源量同全国和松花江流域相比，情况如何？

辽河流域人均占有地表水资源量450立方米，仅相当全国人均水平的1/5，相当于松花江流域人均占有量的1/3，辽河流域每公顷平均占有地表水资源量3 300立方米，相当于全国耕地每公顷平均水平的1/8，相当于松花江流域每公顷平均占有水量的1/2。松辽流域属我国的缺水地区，而辽河流域尤为匮乏。

❿辽河干流有哪些主要支流？

辽河干流全部在辽宁省境内。左侧汇入的主要支流有招苏台河、清河、柴河、凡河等，右侧汇入的主要支流有公河、秀水河、养息牧河、柳河、绕阳河等。左侧支流几乎全部在石佛寺以上，右侧支流主要分布在石佛寺以下。石佛寺以上是辽河干流洪水的主要来源，石佛寺以下是辽河干流泥沙的主要来源。

流域面积近于和大于5 000平方公里的支流有清河、柳河和绕阳河。清河流域面积为4 973平方公里，河长173公里，辽河干流的洪水主要来源于该河。柳河流域面积5 791平方公里，河长288公里。柳河是多泥沙河流，素有“小黄河”之称，每年约有1 000万吨泥沙输入辽河。绕阳河流域面积10 438平方公里，河长290公里。

⑪长白山因何而得名？

长白山是我国与朝鲜的国界山脉，它以主峰白头山为中心，辐射形成众多山涧、小溪、沟壑。周秦以前长白山称不咸山，汉代称单单大岭，魏称盖马大山，后魏称徒太山、大皇山，南北朝称从太山，唐称太白山，金代根据其主峰白头山多白色浮石和积雪始称其为长白山。

⑫东北地区有哪些国际河流？其开发利用情况怎样？

中俄边界上有额尔古纳河、黑龙江和乌苏里江，中朝边界上有鸭绿江和图们江。上述河流分别构成中俄、中朝之间的界河。黑龙江省东部有绥芬河，下游流入俄罗斯。中蒙之间的国际河流均为上下游关系，主要河流有克鲁伦河和哈拉哈河。这两条河流均发源于蒙古境内，注入我国的呼伦贝尔湖。

为了开发额尔古纳河和黑龙江丰富的水资源，早在1956年，中苏就签订了联合开发额尔古纳河和黑龙江水资源的合作协定。

后根据协定,1961年双方共同完成了“中苏黑龙江上游综合利用规划报告”,但未经双方政府审批而搁置下来,直到1986年,两国政府又签订了关于组建中苏指导编制额尔古纳河和黑龙江界河段水资源综合利用规划委员会的协定。经中俄两国有关部门和专家10年的共同努力,完成了规划报告的编制工作。

中朝双方自20世纪50年代起,就致力于鸭绿江水资源的共同开发工作,先后建成了云峰、太平湾、渭源和水丰水电站,合计装机容量为188万千瓦。

⑬镜泊湖是怎样形成的?

镜泊湖为牡丹江上游的江上湖泊,古称忽汗海,又称必而腾湖,系全新世火山爆发玄武岩流壅塞江水而成,是我国的第一大堰塞湖。镜泊湖四周群山环抱,湖深水清,有6条支流从四面注入湖内,形成天然水库。湖南北长60公里,东西宽约6公里,湖面积约375平方公里,水面海拔353米,湖中最深处为62米。湖的出口处水流从玄武岩底板上飞流泻入下游狭谷,形成落差20余米、宽约40米的吊水楼瀑布。

⑭辽河流域的降水量是多少,有什么特点?

辽河流域多年平均降水量为300~950毫米。因受地理位置、海陆分布及地形等影响,降水量自东南向西北递减,地区分布很不均匀。浑河、太子河、柴河及范河山区达800~950毫米,中下游平原650~750毫米,东辽河二龙山以上及苏台河、清河山区650~800毫米,老哈河与西拉木伦河汇合口以下地区降水量最少,仅300~350毫米。

降水的特点有二：其一是降水的年际变化很大，年降水最大值与最小值之比达3倍以上。其二是降水的年内分配很不均匀，7、8月份为降雨的全盛时期，占全年降水的50%左右，6～9月份降水量占全年的70%以上。

⑮松花江流域有多少湖泊？

松花江流域湖泊很多，大小湖泊有600多个，主要有淡水湖和盐碱湖两种。从形成原因可分为四类：第一类为松花江、嫩江及其支流留下来的古河道和牛轭湖，由于新构造运动下沉，水面扩大而形成；第二类为风蚀洼地积水而成；第三类为构造断陷湖，主要由断层陷落而成；第四类为火山湖，主要是山地受火山作用而成。

⑯你知道“世界上最小的湖”——本溪湖吗？

湖，应该是一片烟波浩渺的积水大泊，而本溪湖却是一泓潭水，又被囿于石灰岩洞中，水面不及15平方米，人称“世界上最小的湖”。

湖虽小流却长，远近闻名。湖生成以来，冬蛰春出，循环不止，水质清澈，宜饮宜浴。清代雍正年间，以湖名市，因为盛水时湖状似犀角，当时称“杯犀湖”。清同治八年(公元1869年)，辽东人士高升尧书写“辽东本溪湖”五字凿于湖口上方，始得名“本溪湖”。新中国成立时，本溪湖市为中央直辖市，去掉“湖”字，改为本溪市。

本溪湖又名后湖，湖在石灰岩洞中，洞口开阔，高六七米，湖四周峰峦环抱，与南面半山腰的“怪石洞”隔道相望，湖光山色，令人赏心悦目。

本溪湖水为渗山水，每年大约在5月间，地表水顺岩隙渗入洞中,洞水盈溢,又外流到人工湖中,人工湖水最后流入太子河。立秋之后,湖水渐少,入冬湖干。新中国成立后,建立本溪湖公园,成为游览胜地。

⑰五大连池是怎样形成的,因何而得名?

五大连池位于黑龙江省德都县境内,距县城北约 22.5 公里。五大连池是公元 1719 年老黑山和火烧山一次火山喷发玄武岩流堵塞白河而形成的 5 个堰塞湖,故曰五大连池。5 个池的总面积为 18.4 平方公里,池深一般为 2~5 米。五大连池因其 5 个串珠状湖面、石龙火山地貌景观和多处饮、浴矿泉,已成为中外著名的疗养胜地。

⑱松花江流域的降水量是多少?

松花江流域多年平均降水量为 525 毫米,比全国平均水平(650 毫米)低 19.2%,从全国来讲属干旱少雨区。而该区降水分布极不均匀,嫩江区为 440 毫米,松花江干流区为 588 毫米,第二松花江区为 681 毫米。其中长白山天池附近高达 800 毫米以上。

⑲辽河平原是怎样构成的?

辽河平原主要由西辽河平原和辽河下游平原组成。

西辽河平原是一个沙丘覆盖的冲积平原,海拔 170~250 米,地势西高东低。地形上明显特征是沙丘广布,甸子纵横,地表微波起伏。沙丘高度 3~20 米,以中小型沙丘为主。沙丘之间的低洼地(甸子)雨季往往积水成为泡子。

辽河下游平原，是一个陷落地堑构造，由于长期沉降，接受辽河泥沙的沉积而形成的。由于辽河下游平原不断向海湾伸展，因此可以说，辽河下游平原很大部分是在古渤海湾里形成的。200年前，牛庄城位于辽河口，而今牛庄已远离海岸40公里。

辽河平原上除了辽河之外，还有太子河、浑河、沙河等。这些河流的中下游的共同特点是河流比降小，水流缓慢，河曲发达，河床多沙洲，河汊纵横，堆积旺盛，河床不断加高，经常泛滥和改道。平原上有许多古河道，内涝积水形成沼泽。

⑳为什么说松花江流域防汛和防洪任务艰巨？

松花江流域属于季风降水地区，年内降水分配非常不均，降水多集中在夏季。夏季多东南风，海洋暖湿气流随之北上，造成大量降水，汛期7、8两月降水占全年降水量的80%左右，即7、8两月降水量达400毫米以上，故松花江流域防汛和防洪任务艰巨。

㉑松花江流域水资源有多少？

松花江流域的水资源总量在全国七大江河中少于长江和珠江，列第三位。流域水资源分为地表水资源和地下水资源两部分，全流域水资源总量为880.28亿立方米。其中，地表水资源量为734.7亿立方米，地下水可开采量为116.8亿立方米。

㉒松花江流域的水力资源有多少？

对东北地区松花江和辽河两条大河来说，松花江流域的水力资源比较丰富。全流域总的水力资源理论蕴藏量为660万千瓦，水能资源理论蕴藏量在1万千瓦以上的干支流河道有71条。

㉓你知道松花江流域洪水成灾的频率吗？20世纪最大洪峰流量为多少？

松花江流域内有据可查的最早一次水灾发生于辽大安八年(公元1092年)。从清朝开始,流域内有关水灾的记载逐渐增多。根据近期记载分析,从光绪二十七年(1901年)到1998年的98年中,松花江流域有50次水灾记录,相当于每两年一次。

20世纪,松花江发生全流域性的大洪水有2次。其中,1932年松花江流域各主要江河都发生了大洪水,嫩江干流江桥站洪峰流量为15 600立方米每秒,松花江干流哈尔滨站洪峰流量为16 200立方米每秒;1998年,嫩江、松花江发生特大洪水,江桥站洪峰流量为26 800立方米每秒,哈尔滨站实测洪峰流量为17 400立方米每秒。

㉔辽河流域四周的疆界如何？

辽河流域东侧以长白山脉与第二松花江、鸭绿江流域分界,西侧接壤大兴安岭南端,并与内蒙古高原大、小鸡林河及公吉河流域相邻;南部和西南部以七老图山、努鲁儿虎山、医巫闾山与滦河、大小凌河流域毗连;北侧以辽河与松花江的分水岭与松花江流域相接;南侧为渤海。整个流域呈东西宽、南北狭,东西宽约770公里,南北长约539公里。

总之,辽河流域东、西和南部的西端,三面群山环绕,地势较高;北部为海拔200～300米的岗丘构成的与松花江的分水岭;中部为辽河平原。

㉕汉代的“马訾水”是指哪条江?

汉代的“马訾水”,就是现在的鸭绿江。鸭绿江是中国和朝鲜民主主义人民共和国之间的界河。它发源于长白山的主峰白头山,上游流经崇山峻岭,坡陡流急,谷宽50～100米。水丰以下,进入下游,河谷开阔,两岸分布低山丘陵和窄狭的平原,江心出现许多沙洲。至丹东附近,最宽处达5公里。到东沟,分两支入海。全长795公里,流域总面积64 470平方公里,中国境内约占1/2,年径流总量达322.6亿立方米。其主要支流有浑江、蒲石河、爱河等。鸭绿江气候凉湿,分布以红松、桦树为主的针阔混交林,下游多栎林,覆盖度在60%以上,有多种野生植物、动物资源。江水含沙量和输沙量都很小。鸭绿江的水丰以下,可以通航,小轮上溯可达浑江五里甸子。沿江岩峰回合,万木垂荫,水色澄碧,波纹不兴,风光旖旎,为辽宁诸河之首。

㉖辽东半岛曾是海底,你知道吗?

沧海桑田,辽东半岛经历了巨大的变化。大约在5亿年以前,除露出地面的几个小岛外,辽东半岛大部分地区是一片茫茫的大海。大连地区多处可见层状岩石,如砂岩、粘板岩、石灰石等,都是由泥砂或碳酸盐类物质沉积海底而成的。在金县三十里堡、复县长兴岛等地的赤色页岩中都发现过三叶虫化石。三叶虫是5亿年以前生活在浅海的一种甲壳类节肢动物,其体长4厘米、体宽2.5厘米;分为头部、胸部和尾部三部分,因此而得名。

后来,辽东半岛升为陆地,大约1.5万年以前,辽东半岛与山东半岛还是相连的。现在的渤海湾、渤海海峡以及黄海的一部分,那时均为陆地,称做“胶辽古陆”。

第三纪的喜马拉雅造山运动,使“胶辽古陆”继续下沉。新生代后，随着世界性海面变化，海水通过海峡侵入“胶辽古陆”，形成现在的渤海湾。而地势较高的辽东半岛和山东半岛仍为陆地。

㉗你知道东北的“诸山之冠”吗？

在鞍山市东南25公里处，便是全国重点旅游胜地之一、东北“诸山之冠”——千山。千山著名的山峰有莲花、月牙、狮子、弥勒、净瓶、钵盆、海螺、卧象、献宝等，相传共有999座山峰，千山由此而得名。

千山名胜历史久远，传说在隋唐年间，这里就有建筑。千山集寺庙、山石、园林之胜于一山，植被繁茂，景庙交融，四季景异，被列为东北“诸山之冠”，推为辽东名胜之首，自古以来就有“无峰不奇，无石不峭，无寺不古”之誉。

千山不仅庙宇众多，而且遍山怪石嶙峋。千山还有不少天然洞穴，这些洞穴不仅形态多样、古怪离奇，而且不少都寓含典故、传说，为古老的洞穴添上了神秘的色彩。

千山历来是文人墨客向往的胜地。这里不仅有唐太宗驻跸遗址，而且还留有清康熙和乾隆皇帝的足迹。明清时的官宦、名人也曾纷纷来此山游览观光，并题有许多匾额和诗词赞美千山。

㉘天池是何时形成的？长白山瀑布为何长流？

天池为松花江源头。据地质考察，距今1.2万年前，地球上出现一次冰期，从此长白山终年积雪。16世纪以来，长白山主峰白头山发生3次火山喷发，最近一次是公元1702年4月14日。天池则是一巨大喷火口。随着气候的变化，长白山的冰川逐渐融化，积水成湖。天池水面海拔高度2 194米，面积9.8平方公里，平均水深204米，最大水深373米，蓄水量20亿立方米。天池周围群峰环绕，年平均降水量达1 374毫米，不断增加的水量从断裂的缺口溢出，流经1 250米长的“天河”之后，飞流直下，形成落差68米的长流不息的长白山瀑布。

㉙辽河流域的泥沙情况如何？

辽河是多沙河流。由于流域内各地自然地理情况的不同，水沙分布存在着明显的地区差别。

西辽河上游老哈河流域，一般年侵蚀模数约为1 600吨每平方公里。教来河上游广布黄土丘陵，其年侵蚀模数高达4 000～5 000吨每平方公里，为西辽河水土流失最为严重的地区。

西拉木伦河的泥沙主要来自胡日哈至龙口、万合永、大板区间，其中以少冷河年侵蚀模数最大，达2 254吨每平方公里。

柳河是辽河流域含沙量最大的河流，闹得海以上是辽河流域产沙最高的地区。其上游的两条大支流养畜牧河和扣沙子河，年侵蚀模数高达6 000吨每平方公里。养畜牧河和扣沙子河站实测含沙量达33公斤每立方米之多，被列为全国水土保持8个重点治理区之一。

辽河干流泥沙主要来自于西辽河和柳河，约占92%。当进入下游平原河段时，因河道平缓，流速减小，大量泥沙淤积在河道中。如1959～1960年水文年度中，西辽河上游的老哈河江山站、西拉木伦河西拉西庙站、教来河下洼站、孟克河白家湾子站总输沙量达16 648万吨，而西辽河下游郑家屯站仅7 334万吨，即有56%的泥沙淤积在西辽河的中下游河段。柳河闹得海站多年平均输沙量为2 058吨。

㉚辽河流域的气温情况如何?

辽河流域地处中高纬度,流域内多年平均气温自下游平原向上游山区递减。河口附近在9℃左右,其他大部分地区在4℃以上,而西拉木伦河上游山区则低于0℃。年内温差较大,最高气温在7月份,除西拉木伦河外,多在22~24℃,绝对最高气温1955年赤峰站曾达到42.5℃。1月份气温最低,一般为-9~-17℃,极端最低气温出现在1966年西丰站,为-41.1℃。

流域内每年的初霜一般在9月中旬即可出现,流域北部和西北部及东部山区初霜较早。有的年份8月中下旬即可出现初霜。终霜一般在5月中旬,个别地区推迟到5月下旬甚至6月份。无霜期一般在150~180天左右。

㉛嫩江的正源在哪里?

自古以来,嫩江上源的大兴安岭地区属荒漠边陲之地,人迹罕至,直到中华人民共和国成立,才开始对嫩江源流进行考查和研究工作。根据多次考查分析,综合流域特征、水文和地质地理条件等,确定嫩江发源于大兴安岭伊勒呼里山的中段南侧,正源称南瓮河(又称南北河)。

㉜嫩江流域包括哪些地区?流域面积是多少?

嫩江流域包括内蒙古自治区呼伦贝尔盟、兴安盟;黑龙江省的大兴安岭、黑河、嫩江、绥化等地区和齐齐哈尔市以及吉林省的白城地区。流域面积为29.7万平方公里。

㉝嫩江流域的上、中、下游三段是怎样划分的，其河长各为多少？

嫩江干流按其自然地理特点，大致可分为上、中、下游三段。上游段：从河源至嫩江县，全长661公里。该段多为山地，森林覆盖，沼泽很多，河流具有山溪特征。中游段：从嫩江县至莫力达瓦旗尼尔基镇，全长122公里，该段两岸多低山丘陵，是山岳向平原的过渡段。下游段：从尼尔基镇至与第二松花江汇合处的三岔河河段，全长589公里。自该段起嫩江进入平原地带，河道蜿蜒曲折，沙滩、沙州、汊河鳞次栉比，两岸滩地宽广，最宽处可达10余公里。

㉞辽河流域降雪和冰冻情况怎样？

辽河流域冬季全流域降雪，初雪日期在10月中旬或11月上旬，终雪一般在3月下旬至4月中旬。积雪深度以东部和西部山区最厚，最大厚度在30厘米以上。

辽河流域的冻土深度由下游向上游递增，南部地区平均冻深在0.9米左右，上游山区可达2米。最大冻深，河口地区约1.1米，上游山区可达2.8米。

流域各地一般10月中旬开始结冰，11月下旬至12月上旬河流开始封冻，一般在3月中下旬解冻，河流封冻期为85～130天。河心最大冰厚在0.5～1.0米。

㉟什么样的河流称为无尾河？你能举例说明吗？

无尾河顾名思义，是指河流自源头形成后，最终的流向既不是与其他河流汇合，也不是直接注入大海，而是在流动的沿途逐渐消失的河流。嫩江左岸的乌裕尔河就是一条无尾河，它自海拔 410 米高的小兴安岭西侧发源，河流开始由东南流向西北，至北安镇折向西南，最后于富裕县转向南流，开始进入尾间部位。尾间位于齐齐哈尔以东，林甸县西北的大片苇甸和湿地之中。因此，乌裕尔河也是黑龙江省惟一的内陆河。

㊱你知道历史上嫩江名称的变更吗？

嫩江河名在历史上多次变更。北魏时代称为难水。辽时称纳水，其下游段称鸭子河。金时统称纳水，又称纳兀水或兀河；元时称那兀江，又称猱河木连。明时称作脑温江。到了清代，称嫩江为诺尼水。“诺尼”和“嫩”皆为满语，意为碧绿。

㊲东北地区惟一的丘陵在哪里？

东北地区惟一的丘陵是辽东丘陵。北部与长白山地毗连，呈东北—西南走向，构成辽东半岛的脊梁。辽东半岛西侧为渤海，东侧为黄海，南端隔着渤海海峡与山东半岛相望。中部由花岗岩和古老的变质岩组成，地势较高，东西两侧地势较低。沿海一带地势更低，由台地和沿海平原组成。地面经过长期切割，比较破碎，海拔一般在 200～500 米之间，少数山峰超过1 000米。辽东半岛的河川短小流急，是切割丘陵地的主要动力。辽东半岛三面环海，有旅顺、大连等优良港湾，是我国航海和渔业中心地区之一。

辽东丘陵气候温和，雨量较充沛，是我国苹果和柞蚕的主要产地之一。

㊳你见过“倒流水”现象吗？这种现象对洪水会起什么作用？

在嫩江干流的大安县至三岔河段约49公里范围内，嫩江西岸滩地上的湖泊、湿地普遍发育，经常出现背河串沟倒流水的现象，这种现象对于当地人可谓是屡见不鲜。倒流水对于嫩江的洪水可以起到滞缓的作用，同时，又对洪水具有一定的调蓄作用。

㊴松花江干流的上、中、下游段是怎样划分的？

松花江干流是指嫩江和第二松花江在三岔河汇合后，折向东流，至同江镇河口这段河道。大岔河至哈尔滨为上游段，全长244公里；哈尔滨至依兰河段为中游段，全长332公里；依兰至同江河段为下游河段，河道全长363公里。

㊵松花江多年平均径流量为多大？

松花江流域大部分处于中温带，降水量虽不大，但因气温低、蒸发小，所以径流较丰沛。流域内河川多年平均径流量为734.7亿立方米，在我国七大主要江河中排第三位。其中，嫩江年径流量为227.3亿立方米，第二松花江为172.6亿立方米，松花江干流为334.8亿立方米。

㊶你能简要地说出松花江的洪水特性吗？

松花江流域的洪水，主要由暴雨产生。由于流域面积大，气象条件复杂，各地区地形条件有较大差异，暴雨成因不尽相同，笼罩面积也大小不一，所以整个流域由一次暴雨产生大洪水的机遇很少，大部分是地区性的洪水汇合而成。

㊷松辽流域一年四季分明。你能说出该流域气温的变化吗?

松辽流域一年四季分明,气温的季节变化明显。每年的12月至翌年的2月为冬季。其中,1月份全流域平均气温都在-14℃以下,北部大兴安岭地区可达-30℃以下。3～5月为春季,以4月份为代表,大部分地区气温在1～5℃之间。6～8月为夏季,7月份气温在17℃以上。9～11月为秋季,流域大部分地区气温在0～4℃之间变化。

㊸本溪水洞是怎样形成的?

本溪水洞位于本溪县谢家崴子村。水洞全长2.5公里,有游船通行。洞内恒温在12℃左右,冬暖夏凉。进入洞口,俨然是一座天然的"迎客厅",长约70米,宽、高各约20米,可容纳上千游人。洞内分水旱两洞。

旱洞长约280米,洞穴高低错落,洞中有洞,洞洞相连,曲折回旋,犹如一条卧伏的巨龙,故取名"龙潭",又名"盘龙洞"。根据附近的庙后山溶洞形成时间来推断,大约形成于奥陶纪时期,迄今至少有600万～1 200万年。

据考证,远古时代,这里是一片浅海。后来由于地壳运动,海水退去,这里变成陆地。石灰质在地质运动中受到外力作用,不断发生变形和断裂,为地下水的渗透创造了天然的通道。在地下水的不断溶蚀下,裂隙逐渐扩大,久而久之,地下水终于把曲曲折折的石灰岩裂隙溶蚀成今天的奇特洞穴。

本溪水洞位于海拔170米地下水水平径流带,所处地貌单元为开阔的沟谷底部和太子河二级阶地,地形平缓,汇水面积大,泉水日流量达5 000～14 000吨。

㊹为什么说松花江是一条少沙河流?

松花江多年平均含沙量为0.16公斤每立方米,相当于黄河下游的5‰。全流域多年平均输沙量接近于1 000万吨,不到黄河的6‰。因此,可以说松花江是一条清澈的少沙河流。

㊺你到过科尔沁草原吗?

松花江流域有两大草原。松嫩草原位于吉、黑两省西部,草原面积约26 667平方公里;三江草原位于黑龙江省东部同江、牡丹江地区,草原面积16 000平方公里。松嫩草原中的科尔沁大草原是目前欧亚大陆保存较好的三大优良草原之一,驰名中外。科尔沁草原以草甸为主,多禾本科和豆科牧草及羊草等,草的种类达千余种。草原养育着许多优良畜种,如三河牛、草原红牛、科尔沁毛羊、中国美丽奴羊等。

㊻你知道中国五大镇山之一——医巫闾山吗?

闾山,位于辽宁省北镇县西部,南北绵亘45公里,东西宽14公里,主峰望海山海拔866米,属松岭山脉。

关于闾山,早在先秦文献中就有记载:"东方之美者,有医巫闾之珣玗琪焉。"古人把全国名山分为五岳五镇,而北镇医巫闾山榜上有名。在东北,闾山被誉为三大名山(闾山、千山和长白山)之首。

有人说:"不览闾山景,无从识辽西。"自古以来,闾山就以风景优美而闻名。山上树木繁茂,山峦相连,层层相套,岩洞泉壑、奇景无数,又有许多古建筑错落其中。

闾山自辽金以来,历代在此都有营建。辽代有望海堂;金代有悬岩寺、胜览亭；明代有玉泉寺、清安寺、灵山寺、会伯亭、览秀亭等；清代有观音阁、玉泉寺、大朝阳寺、海云观、青岩寺等。山中景物有些已随历史湮灭，有些得到了恢复。

㊼你知道我国的“鹤乡”在哪里吗？

扎龙湖是我国大型珍贵水禽综合自然保护区，有 200 多种鸟类，是世界闻名的鹤乡。世界上现有 15 种鹤，中国共有 8 种，而扎龙湖就有丹顶鹤、白鹤、白枕鹤、白头鹤、闺秀鹤、灰鹤等 6 种，后又与国外交换了 7 种，从国内的其他地区引进 2 种，因此，扎龙湖是名副其实的“鹤乡”。

㊽东北虎的故乡在哪里？

小兴安岭末端完达山中段，四面环山，清溪奔流，是东北虎的故乡。据勘察，我国野生东北虎仅幸存 20 余只，已被国际野生动物基金会列为世界濒危动物 10 大物种的首位。为了保护和挽救东北虎，黑龙江省横道河子猫科动物饲养繁育中心已将东北虎繁育到 73 只。

㊾我国哪一块黑土地能与乌克兰和美国密西西比河黑土带相媲美？

松花江流域中，北起黑龙江省的克山、拜泉，纵贯吉林省的长春、四平，南至吉林南界，绵延近千里，面积约 10 万平方公里，是当今地球上三块黑土带之一。这里年降水量 400～600 毫米，黑色腐殖质层厚约 1 米，表层有机质含量最高可达 15%，地面坡缓，土质肥沃，在全国现有耕地中占有重要的位置。

㊿松花江流域水土流失面积有多大?

松花江流域水土流失比较严重，水土流失面积约 18 万平方公里，年最大侵蚀模数8 000～10 000吨每平方公里，平均每年冲走表土所含肥料相当于 2～3 年的施肥量。严重的水土流失会造成土壤肥力减退，坡耕地粮食产量下降，生态环境恶化。

㉛为什么松花江上会有石头漂起来?

长白山火山喷发，造成 16 座披着厚厚火山灰的山峰。火山灰石块上面有许多气孔，民间百姓称其为“江石沫子”或“浮石”。这种火山灰块脱落，滚入江中，便形成了石头浮起来的奇怪景观。火山灰是极佳的建筑和保温材料，火山灰块可用来擦磨刀器，使铁器光滑去锈。

㊾“武开江”和“文开江”是什么样的两种现象?

“武开江”和“文开江”是形象地说明江河解冻期融冰的两种自然现象。一文一武，顾名思义：武开江常常是由于封江前秋水较大，同时江面解冻又是上游先于下游而形成的。武开江气势壮观，大大小小的冰排似从沉睡中突然醒来，无序地顺流而下。可见到拥挤的冰块高高耸起，可听到冰排的相互撞击声。因此，武开江易发生触目惊心的凌汛和冰坝现象；文开江则是江水悄悄融化，渐渐地脱裂，冰块静而有序地顺水流荡。

53 松花江水产资源丰富。你知道其中有两种巨型鱼种吗？

在我国鱼类分布区系上，松花江有着特殊的地位。松花江中既有典型的中国平原鱼类，又有北方的冷水鱼种。其中，哲罗鱼是一种肉食型冷水鱼，体长 1 米之多。有人说这是一种古鱼类，有可能天池中出现的“怪兽”就是巨大的哲罗鱼。在同江还有一种重量可达二三百公斤的“鳇鱼”。传说，人们最初捕到该鱼时，不知其名，送与京城皇帝，皇帝见它奇大无比，为鱼中之王，赐名“鳇鱼”。

54 你看过吉林雾凇吗？它是怎样形成的？

隆冬季节，春节前后，松花江流域将出现被誉为中国四大自然奇观之一的吉林“雾凇”。沿第二松花江吉林市十里长堤放眼望去，松柳凝霜挂雪，戴玉披银，如朵朵白云，似排排雪浪，十分壮丽。

雾凇的形成，需要特定的自然地理条件。吉林市地处丰满水库下游 20 公里处，丰满水电站昼夜发电放水，使丰满至吉林段第二松花江江面严冬不封冻。当气温达到 -30℃左右，并在适宜的低气压作用下，江面蒸发的大量水汽在沿江冰冷的树枝上急剧凝结，层层累积，逐渐形成了绚丽多姿的雾凇。

55 冰坝洪水多发生在什么样的河段，有哪些特点？

冰坝洪水多发生在由南向北流的河段内。如松花江 1981 年开江期，仅依兰至富锦的 365 公里江段，就有冰坝 16 处，冰坝高 6～13 米。冰坝洪水的特点有：

(1)流量不大水位高。冰凌使水流受阻，流速减小，尤其是卡冰结坝使河道水位在相同流量时比无冰期高得多。

(2)凌峰流量沿程递增。因为封冻后河槽阻拦部分来水，河槽水量不断增加，开河时，急剧释放出来，向下游演进，沿途冰水越集越多，形成递增的凌峰。

(3)冰坝上游水位上涨幅度大，涨率快。当下游过水断面被冰坝严重堵塞后，由于上游冰水齐下，来势凶猛，因此，水位急剧大幅度上涨。

㊿沼泽是一种自然资源吗？松花江流域沼泽面积有多大？

沼泽是指土壤过湿或有薄层积水，生长沼生和湿生植物，表层有草根层或泥炭累积层，下层发育着潜育层的特殊地段。沼泽是一种自然资源。其中泥炭是宝贵的能源，沼泽中生长的芦苇是造纸的重要原料，有"第二森林"之称。沼泽有良好的维持区域生态平衡的作用。如三江平原是亚洲东北部水禽繁殖中心。沼泽在自然环境中，有均化洪水、净化空气和污水、调节气候的作用。此外，沼泽本身就是一种土地资源。松花江流域沼泽面积约 175 万公顷，占我国沼泽面积的 7%，主要分布在三江平原、大小兴安岭和长白山区。

57松花江流域冻土主要分布在哪里？

冻土是指温度达到或低于 0℃并含固相水(冰)的各类土。冻土可分为多年冻土和季节冻土。冻结状态持续 3 年或 3 年以上的为多年冻土，3 年间出现融化和冻结反复的称季节冻土。松花江流域冻土主要分布在黑龙江和内蒙古北纬 48°以北地区，多年冻土层厚可达 30～60 米，季节冻土厚度一般在 2 米以上。

㊽我国的“北极村”在哪里？那里每年 6 月会发生什么奇观？

如果你在飞机上鸟瞰，你会看到在我国的版图上缘，“鸡冠”绕成一个大弧形，漠河——我国最北部的一个小村庄就在这个弧形的顶点上，因其是伟大祖国边境的最北点，所以漠河素有“北极村”之称。

“北极村”始建于公元 1860 年，是我国纬度最高的地方之一。它冬季夜长，而夏季夜又特别短，其原因就是每年春分到秋分季节中，太阳直射北半球，故北半球昼长夜短，至夏至，北纬 65°以北地区没有黑夜，称为“极昼”。而漠河地处北纬 53°29′，因此，每年 6 月即可出现黑夜白昼的奇观。这种景象的迷人之处，就在于黎明的曙光与晚霞几乎相连，只有夜晚 11 时才进入黑夜。有机会观赏美丽的“白夜”，会令你大饱眼福。

㊾你知道北极光的奥秘吗？

北极光是一种罕见的自然景象，因其一般出现在北极附近冬季的夜晚，且频率很难掌握，因此，能够巧遇北极光当属莫大殊荣。

北极光非常美丽。它出现时火光冲天，略带红色，比霞光更为强烈，如果发生在远处，像一种幻影，在近处则像圆柱形的巨大水晶体建筑拔地而起，其光中有极强光的多层圆圈，兼有多种光的几何体。

这种大自然的奥秘已引起许多天文学家的探索考察。他们认为，北极光是太阳强大带电微粒子流扰乱地球的磁场，使地球上磁针产生强烈颤动，导致“磁爆”，这些带电的微粒子流，在地球磁场影响下，有一小部分磁力线集中于地球南北极，以极大速度闯入高空稀薄大气层，受大气层中的分子和原子激发，产生了光辉而成为极光。

⑥⓪“天鹅项下珍珠城”是指哪一座城市？

我国黑龙江省的版图形如一只昂首凌云的天鹅，而北疆名城哈尔滨就位于这只天鹅的项下，因此被誉为“天鹅项下珍珠城”。

哈尔滨位于松嫩平原东北部，扼松花江中游两岸，面积6 929平方公里。受西伯利亚内陆冷空气和副热带海洋气候的影响，哈尔滨冬季漫长寒冷，滴水成冰；夏季短暂凉爽，气候宜人。哈尔滨是一座既古老又年轻的城市，远在20 000年以前就有了人类活动，到18世纪清代中期，逐步形成了以手工商业为主的城镇型居民地。公元1898年，沙俄确定哈尔滨为东清铁路的枢纽，这里才迅速发展为近代城市。现辖7区12县，市区人口380万，居民以汉族为主，有29个少数民族。市区建筑多姿多彩，既有中国的古典建筑，又有俄罗斯化的巴洛克式建筑。这些建筑把市区装点得既古朴典雅，又雍容华贵。美丽的松花江畔公园和与之隔江相望的太阳岛令人痴迷神往。防洪胜利纪念塔威严耸立在中央大街的对过。这是哈尔滨人民战胜洪水的历史丰碑。最让人心旷神怡的还要数哈尔滨市的冬天了。人们利用冰块和白雪，精心雕制成各种形状的冰灯，似琼楼玉宇，又似火树银花，其技艺之精湛，气魄之宏大，把哈尔滨装扮成一座蔚然壮观、流光溢彩的冰城。

⑥①亚洲第一大的姊妹湖是哪个湖？

亚洲第一大姊妹湖是兴凯湖。它位于我国北疆密山市东南40公里处的中俄边界上，为中俄界湖。

兴凯湖大湖略呈椭圆状，全湖面积4 380平方公里，蓄水175

亿立方米，水深2～10米，全湖1/3在我国境内，2/3在俄罗斯境内。小兴凯湖位于大湖北面，湖面面积165平方公里，水深1～2米，蓄水3.3亿立方米，大湖的水面与小湖底等高，两湖之间有沙坝相隔，沙坝上，林木婆娑，野花飘香，更映得这对姊妹湖幽深朦胧，芳姿妖娆。

兴凯湖水草丰茂，是天鹅、白鹤等珍贵鸟类和水貂等各种野生动物栖息的乐园，更盛产白鱼，这种鱼是我国江河湖泊中惟一能够形成群体和渔汛的鱼类。

62 我国的什么地方被称为"东方第一镇"?

我国黑龙江与乌苏里江汇合处有一座小岛，这里东临大江，西临小河，是黑龙江省抚远县所辖的一个边陲小镇，它就是被称为"东方第一镇"的乌苏镇。乌苏镇是我国最早看到日出的地方之一，因此，被人们称为"东方第一镇"。当黎明的朝霞在这里升起的时候，内地各处还未破晓，而地处中国最西端的新疆喀什此时正值午夜。乌苏镇虽小，却很富饶，是我国盛产大马哈鱼的最大鱼场。大马哈鱼汛期只有半个月左右，在此期间，这里可以捕获到成百上千吨的大马哈鱼。

63 世界上规模最大的一次陨石雨降落在哪里?

截至目前，世界上规模最大的陨石雨于1976年3月15日降落于吉林市西北郊区和永吉县，雨后共收集到陨石138块，总重量2 616公斤。其中，一号陨石重1 776公斤，比当年世界第一的美国诺顿陨石还重68公斤，是目前世界上最大的一颗陨石，石体呈棕黑色，上有气印。这次陨石雨规模之大，重量之巨，数量之多，形状之奇，标本收集之丰富，均居世界首位，被称为当代世界科学史上的一个重要事件。经专家测定，这群“天外来客”的母体形成于46亿年前，大约在800万年前，在运行时和其他星体相撞，发生了一次大爆裂，脱离出小行星带而后落到地球表面。陨石雨实物标本现陈列在吉林市陨石雨陈列馆内，这些“天外来客”带来了珍贵的宇宙信息，既是科学研究的宝贵资料，也是旅游者一睹为快的带有神秘色彩的科学文物。

64你知道什么是地下森林吗？它是怎么形成的？

所谓地下森林，即火山口森林。晚更新世初期，张广才岭火山爆发，山顶形成一些火山坑，这些坑深40～150米，内壁陡峭，近于直立，如同地窖一般。其中，火山岩、火山灰经多年风化剥蚀，形成肥沃的火山土，竟奇迹般地长出树木，有落叶松、鱼鳞松、桦树、核桃楸等100多个树种，树冠随地热而升高，终至与火山口上缘齐平，形成一种特殊景观，被人们称为“地下森林”。张广才岭有六处地下森林，个个幽深繁茂，如同绿谷，林中栖息着各种野生动物以及人参、黄芪、五味子等中草药材和木耳、榛子、蘑菇等山珍。在山路上鸟瞰，山壁上有熔岩流动形成的洞穴，洞中由岩石构成各种景观，变幻绮丽，颇具神秘色彩。

65你了解长白山吗？

美丽富饶的长白山，位于我国吉林省东部中朝边境，海拔高度2 749米，总面积约7万平方公里，是一座巨型复式火山，是自第三纪以来的地壳间歇性抬升和多次火山喷发物堆积而形成的。

长白山历史悠久，自周秦以来，肃慎人就居住在这里，汉、唐以来的挹娄、勿吉、靺鞨、女真满族，清代顺治以后的汉族，道光以后的朝鲜族均居住在这里。

长白山自然资源极为丰富，森林蓄积量为7.17亿立方米，现已探明的矿种有61种，共296处矿产地；野生动物资源品种繁多，如注意保护，可以取之不尽；水资源丰富，年径流量为302亿立方米，每平方公里产水31.5立方米。

长白山是一座可供游览的胜山，由垂直景观和火山地貌构成了长白山许许多多的风景，如“长白林海”、“十六奇峰”、“冰川遗迹”、“天池”、“长白飞瀑”、“白涧奇观”、“天女浴躬池”、“长白云雾”、“牛郎渡”等几十处绝妙的自然景观。这些景观多谓“鬼斧神工”的大自然的造化。

66 你见过“泥林”这种奇异的景观吗？

南方有石林，北方有泥林。石林是诗人笔下的仙境，而北方的泥林却鲜为人知。

泥林位于吉林省乾安县大布苏湖畔，高出大布苏湖面50余米，南北长7.5公里，东西宽1公里，泥林内沟壑纵横，土柱林立，状如狼牙，故当地人称之为“狼牙棒”。据考古学家考证，这是由千百年来受雨水的冲刷失去地表植被保护的坚硬土质形成的，内有一根根巨大的褐色土柱拔地而起，宛如莽莽森林，奇形怪状，别有洞天。多年来，“狼牙棒”周围相继发现许多古代石器、陶器、铜币、人兽骨骼和居民遗址。由此可知，大布苏湖畔从远古时就有人类在此繁衍生息。

⑥⑦你见过熔岩隧道吗？你知道它是怎么形成的吗？

所谓熔岩隧道，就是由于火山爆发、沸腾的熔岩流从火山口溢出时，岩浆的表面、底层突然和空气、地面接触，温度骤然下降，迅速冷却，凝固成硬壳，而炽热的熔岩流在硬壳中仍继续潜流着，待岩浆流尽，已硬结的外壳便成了空洞，即为“熔岩隧道”。位于牡丹江市镜泊湖西北30公里处的熔岩隧道，大约形成于1万年以前，洞中熔岩流千姿百态，如一座华丽的地下宫殿，奇异迷人。洞中两壁上如雕似琢的盘龙生趣盎然，栩栩如生；洞顶垂挂的红褐色的熔岩乳，如银釉彩绘，富丽堂皇；从上层隧道喷泻而出的熔岩流形成的地下熔岩瀑布，如冰山雪融，气势磅礴。熔岩隧道还有熔岩盆、熔岩床、熔岩绳、熔岩花等多种景观，千姿百态，宛如仙境，堪称世界一大奇观。

⑥⑧你知道汉唐时称的“白狼水”今在何处吗？

汉唐时代所称“白狼水”，即是现今的大凌河。大凌河是辽西最大的河流。北源是凌源县打鹿沟，南源是建昌县黑山，到大城子会合后流向东北，经努鲁儿虎山和松岭间纵谷，接纳老虎河、牤牛河、西河等支流后，再循医巫闾山西侧南流，到锦县东南注入渤海。全长397公里，流域面积23 549平方公里。多年平均径流量为20亿立方米。大凌河流经碎屑岩、火山岩地域，降水集中于夏季，而且多暴雨，所以，水土流失较严重。河口三角洲规模很大，汊流发达，为辽西工农业集中的地区。

⑥⑨驰名中外的“鸟站”在哪里？

大连市旅顺口区的老铁山，是候鸟迁徙的重要停歇地，素有

"鸟站"之称。

老铁山三面环海,周围有许多海拔 50～200 米的山丘,山谷纵横交错。这里气候温和,雨量适中,400 多种植物生长茂盛,是候鸟理想的栖息场所和迁徙中的枢纽。每年秋季,南迁的候鸟飞到老铁山后,面临茫茫大海,不得不停落下来休息,等候好天气再继续向南飞上漫长的征途。

过往老铁山地区的候鸟,大约有 200 种。其中,列为国家保护的珍稀鸟类有丹顶鹤、白枕鹤、白鹳、黑鹳、白琵鹭、大天鹅、疣鼻天鹅、鸳鸯、虎头大海雕、白尾海雕、白肩雕、金雕、胡兀鹫、大鸨和小杓鷸等。

候鸟集聚的高潮为每年春季的立夏至小满期间和秋季的秋分至寒露期间。每逢候鸟飞来的高潮季节,特别是在秋季,它们或翱翔于高空,遮天盖地,或簇拥山头,漫山遍野。

1980 年,国务院正式批准将老铁山列为国家重点自然保护区。

⑩毒蛇王国——蛇岛在哪里?

在辽东半岛西侧浩瀚的渤海中,有一个著名的蛇岛,当地群众叫它小龙山。它位于旅顺港的西北方,离大连市旅顺口区的西湖嘴屯约 13 公里。在这个方圆不足 1 平方公里的小岛上,生存着数以万计的蝮蛇,形成一个毒蛇王国。这是世界上罕见的。

蛇岛属中纬度地区,受季风影响较大,气候温和,无霜期长达近 200 天。降水量适中,年降水量约 600 毫米。蛇岛四面环海,岛上气温变化特别平缓,空气湿度较高。

蛇岛的植物比其他岛屿繁茂,植被覆盖率达 80％以上。岛上仅昆虫就有百余种。由于岛上的植物、昆虫繁多,于是,这里被来往迁徙的候鸟选作停歇点,其中很大一部分是可供蝮蛇吞食的小型鸟类,蝮蛇则以其为丰富的美味佳肴。还有,蛇岛的天然岩洞特别多,为蝮蛇提供了优越的生活环境。

⑦大小笔架山因何而得名?

由锦州城乘车向南行35公里至西海口,在茫茫渤海的近海处,有大小不等的两座岛屿。由于它们的形状如笔架,所以得名笔架山。

大小笔架山相距2.5公里。从岸上到大小笔架山,各有一条潮汐冲击而成的天然通道,叫做“天桥”。今天大笔架山的“天桥”是石子的,而小笔架山的“天桥”有一边则是土堆的。这两座“天桥”,潮涨隐没,潮落显出,弯弯曲曲地把海岸与海岛连接起来。

大笔架山南北长2公里,海拔76米。登上大笔架山,首先看到的是一座石造的山门,上面写着“光耀家国”,后面写的是“重道亲德”。这是当年主持修山的道人贺保江所题。走进山门,沿石路旋回而上,便看见真人观和吕祖亭。真人观是女真人朱洁贞的坐化之处。吕祖亭形如小塔,高约10米,两层。上层有汉白玉石佛。传说这里是吕洞宾等八仙过海时休息之所。再往南行便是五母宫。五母宫是一座五间二层的石屋,底层每间有石佛一尊。五位女佛,面南而坐,分别手执如意、石榴、书卷等,体态安祥,身姿秀丽。

大笔架山的最高处,是一座六层石楼建筑,高26.2米,纯一色的石墙、石廊、石壁、石门、石梯、石龛。石群建筑的设计之巧,组合之精,刀工之细,堪称建筑之上乘。登三清阁最吸引人的是站在平台上眺望大海。

⑫东北第一甘泉在哪里?

沈阳大北关有座修得十分有气派的寺院,名叫八王寺,又称大法寺,寺门前有一口井,井水清澈甘洌,味道甜美,这就是驰名的"东北第一甘泉"。据说乾隆皇帝非常喜欢用八王寺的井水煮茗,他常命人千里迢迢把井水送到紫禁城,以供他饮用。

⑬你知道中国三大石头城之一的辽阳石头城吗?

辽阳石头城又称燕州城、白岩城,元明时改称石城,是高句丽在公元4世纪时所建,在今辽宁省辽阳市东的城门口村后山上。山城全以石块建造,呈不规则方形,分为内、外城两部分。外城周长2.5公里,东北西三面顺山势起伏筑墙,北墙外还砌有马道及护城短墙;南面则以垂直之悬崖作墙,崖下以东西流向的太子河为池,居高临下,形势险要。外城之东南角筑有内城,东西长45米,南北宽35米。全城最高处为明代所建的瞭望台,高约5米,位于山巅,俗称"点将台",城内还有蓄水池,供守城兵马之用。这里是东北地区现存最完整的古代防守型兵城遗址,有重要的历史、建筑和军事研究价值。

⑭你知道天下第一石公园吗?

西距辽宁省大连经济开发区20公里的金县凉水湾,有一座别具风趣的公园——天下第一石公园(又名"神力雕塑公园")。这里的自然奇观,共有52个景点,均由大理石形成,分为"百兽出水"、"龙宫探矿"、"蓬莱仙境"、"今古奇观"、"潜艇礁"五大景区。其中有一龟纹石,是六七亿年前一场地壳巨变形成的,被誉为"天下第一石"。迄今全世界仅有两块龟纹石,而另一块在加拿大,但体积略小。

⑦⑤你知道雄峙辽东的凤凰山名称的来历吗？

凤凰山位于辽宁省丹东市西北50公里、凤城镇东南约3公里处，属于白山余脉，面积24平方公里。最高峰——“揽云峰”海拔836.4米，是辽宁省著名旅游胜地之一。

凤凰山历史上曾几易其名。南北朝时名“乌骨山”，亦称“屋山”；隋末唐初称“熊山”；相传唐贞观年间，唐太宗李世民来游，有“凤凰拜主”之说，遂赐封此山为“凤凰山”，迄今已有1 300多年的历史。

历史文化篇

❶伪满皇宫设在哪里？

1931 年“九一八”事变第二年，日本企图把东北从中国分裂出去，1932 年 3 月扶植早已退位的清朝末代皇帝溥仪建立了伪满洲国傀儡政权，伪满皇宫设在今长春市光复路。1945 年 8 月，满洲国随着中国抗日战争的胜利而被摧毁。

❷“中村事件”发生在哪里？你知道其真相吗？

1931 年，日本帝国主义为达到长期统治我国东北的目的，把罪恶之手伸向自然资源丰富的洮儿河两岸。6 月 25 日，日本间谍中村震太郎、井杉延太郎一行到洮儿河上游的察尔森镇刺探情报时，被当时驻扎的东北军兴安三团抓获处决。8 月 17 日，日本陆军总部发表所谓《关于中村大尉一行遇难声明》，以此对中国政府施加压力，史称“中村事件”，并成为日本帝国主义悍然发动“九一八”事变的借口之一。

❸你知道抗日战争时期东北抗联的活动范围吗？

东北抗日联军是东北抗日武装力量的核心。“九一八”事变后，东北地区南满、东满、珠河、绕河、汤原、宁安、密山等抗日武装力量，为联合抗击日本侵略者，在中国共产党领导下，1943 年 11 月，先后组建了东北人民革命军第一军至第八军。1936 年 1 月，成立东北抗日联军总司令部，赵尚志任总司令，并对东北人民革命军进行改编和扩编，形成东北抗日联军第一军至第十一军。1936 年 6 月，第一、二两个军组成东北抗日联军第一路军，杨靖宇任总司令兼政治委员，活动在辽宁、吉林两省东部；1938 年 1 月，第四、五、七、八、十等 5 个军组成东北抗日联军第二路军，周保中任总指挥兼政治委员，活动在松花江下游地区；1939年5月，第三、六、九、十一等4个军组成第三路军，李兆麟任总指挥，冯仲云任政治委员，活动在黑龙江省北部地区。东北抗日联军的建立，标志着东北人民的抗日战斗发展到了一个新阶段。

❹松花江流域有一个渤海国。你知道其首府设在哪里吗？

公元698年，以肃慎后裔靺鞨粟为主体形成了渤海族，公元713年，其首领大祚荣受唐朝册封为忽汗州督渤海郡王，设都敦化，建立了渤海国民族地方政权。辖区范围北至松花江和黑龙江下游，东到大海，西南抵吉林省的扶余、农安、开源、铁岭一带，包括松辽流域的大部和俄罗斯沿日本海的全部地方。公元755年，第三代王大钦茂移都到名列五京之首的"上京龙泉府"，该府为渤海国首府，遗址在黑龙江省的镜泊湖之北、牡丹江东岸宁安县的渤海镇。

❺乌兰浩特是蒙语。它的汉语是什么含义？

松花江流域最西部的乌兰浩特市，是内蒙古自治区兴安盟所在地，原名王爷庙，1947年改为乌兰浩特。乌兰浩特是蒙语，汉语意为红色的城市。

❻你知道1954年以前黑龙江省省会设在哪里吗？

大家都知道，现在的黑龙江省省会城市设在哈尔滨市，但1954年以前，黑龙江省省会却设在齐齐哈尔市。齐齐哈尔旧称卜奎，是达斡尔语的音译。齐齐哈尔市始建于公元1682年。公元

1689年(康熙二十八年)在此设齐齐哈尔副都统,公元1699年黑龙江将军衙门从今嫩江县移址于齐齐哈尔。1905年(光绪三十一年)黑水厅、1909年(宣统元年)龙江府均设在齐齐哈尔市。

❼长白山是哪年被列入自然保护区的?

为保护长白山河源区内丰富的动植物资源,保护比较完整的自然环境与生态系统,国家于1960年开始将长白山河源区设为自然保护区。1980年又被列入联合国国际生物圈保护区。

❽吉林省省会是何时由何地迁至长春的?

明清之际,松花江流域有一座著名的造船厂,位于现在的吉林市。自公元1676年起,清政府的宁古塔将军衙门、吉林将军衙门,以及民国时期的吉林省公署均设在吉林市。新中国成立后至1954年,吉林省政府也设在吉林市。1954年10月,吉林省省会由吉林市迁往长春市。

❾“千年都城百年县”指的是哪里?

“千年都城百年县”指的是吉林省敦化县。早在原始社会,敦化就有人类定居开拓、繁衍生息。上虞三代至周秦肃慎族“桔矢石砮”的狩猎方式始于敦化。公元713年,渤海国始都于敦化,有“海东盛园”之称。公元1882年建制敦化县。因其历史悠久,所以被称为“千年都城百年县。”

⑩爱辉是怎样成为血泪名城的?

早在17世纪40年代以前,黑龙江两岸均为中华民族生息之地。公元1858年5月28日,沙俄乘英法联军进攻天津、清政府无暇北顾之机,侵入黑龙江流域,用武力迫使清政府在爱辉镇(当年瑷珲古城)签订了丧权辱国的《中俄瑷珲条约》,使我国丢掉了黑龙江以北、外兴安岭以南的领土。1900年"庚子俄乱",沙皇尼古拉二世率兵6路进犯我国东北。7月16日至21日,俄军在爱辉连续进行了4次大屠杀,史称"海兰泡大屠杀"或"海兰泡惨案"。之后,沙俄军队又血洗江东64屯,共有万余人死在沙俄屠刀之下。

⑪我国第一座森林公园在哪里?

我国第一座森林公园在哈尔滨市任家桥,始建于1958年。40年来,林业人员在这136公顷的广阔地带,栽培引植的各类植物在1 000种以上,达30万株。其中,有从大兴安岭和长白山引种的420余种寒温带乔木,形成了"原始森林"式的景观。

⑫你见过那达慕大会的盛况吗?

每年七八月份,碧绿广阔的内蒙古草原,将迎来蒙古族人民的传统节日——那达慕大会。那达慕大会一般按旗(县)的范围组织,为期7天。传统的活动内容有:射箭、赛马和摔跤等,现在那达慕大会已发展成为城乡人民物资交流和文化娱乐的体育盛会。

⑬哪里被誉为新中国电影的摇篮?

位于吉林省长春市的长春电影制片厂,前身为东北电影制片厂,是我国最早建立的电影制片厂。50 年来,长影拍摄和译制了大量的家喻户晓的影片和电视片,培养、输送了许多电影、电视艺术家和人才。长春电影制片厂,作为电影艺术的摇篮,为我国电影事业的发展和建设奠定了坚实的基础。今天的长春电影制片厂已成为一个重要的综合性电影基地。

⑭渤海国历时 299 年。当时的“五京”都设在哪里?

渤海国从公元 698 年建立至公元 926 年灭亡,相传 15 世,历时 299 年。当时设五京,上京龙泉府为今宁安县渤海镇,中京显德府为今吉林敦化,东京龙原府为今吉林珲春,西京鸭渌府为今吉林恒江,南京南海府为今朝鲜咸兴。

⑮金国时的“五国城”在哪里?宋徽、钦二帝在“五国城”囚禁多少年?

金朝灭辽之后,攻克北宋都城汴梁(今开封),于是掳库府积蓄和宋徽、钦二帝北上,同迁者有皇后、皇子、公主等宋室宗亲 470 多人,于天会六年(公元 1128 年)押至今黑龙江省阿城市白城,天会八年(公元 1130 年)迁至“五国城”。宋徽宗在“五国城”囚禁 5 年,于公元 1135 年死去,终年 54 岁。宋钦宗死于公元 1156 年,在“五国城”囚禁 26 年。这个“五国城”就在今依兰城北。

⑯元末明初时期,满族的先民女真族的三大部落分布在哪里?

元末明初时期,女真族分为三大部落。其中,建册女真分布在牡丹江流域长白山绥芬河一带;海西女真分布在松花江干流流域;野人女真分布在黑龙江流域。

⑰你能说出哈尔滨名字的由来吗?

哈尔滨扼松花江中游两岸,像一颗珍珠镶在松花江流域版图的中心。历史上哈尔滨只是一个小小的渔村,提起它的名字,有人说哈尔滨是满语,意为“晒渔网的场子”。而有史料根据的说法是,在公元11世纪初女真族按出虎水(即阿什河)完颜部在今哈尔滨东南隅城高子一带建立了阿勒锦村。“阿勒锦”是女真语,后来转音为哈儿滨、哈拉滨,最后约定成俗为哈尔滨。

⑱我国30年代女作家萧红的故乡在哪里?她的传世之作是什么?

被鲁迅先生认为具有中国首席女作家潜能的萧红,1911年6月2日(农历五月初六)出生在黑龙江省呼兰河畔的呼兰县南河沿龙王庙前英顺胡同,现为萧红路。萧红本姓张,学名张秀环,后由其外祖父改之为张乃莹,笔名悄吟、萧红。萧红毕生追求妇女解放,经历坎坷,1942年1月22日病逝于香港,时年31岁。她的代表作有《呼兰河传》、《马伯乐》等,其中《呼兰河传》被誉为萧红的传世之作。茅盾先生为该书作序,赞扬这部书是一篇叙事诗,一幅多彩的风土画,一串凄婉的歌谣。

⑲震惊中外的抗日第一枪是从哪里打响的?

1931年“九一八”事变后,日军继续向北进犯。抗日将领马占山陈兵嫩江下游江桥镇，于 11 月 4 日对天上有飞机轰炸、地面有炮火掩护的日本侵略军多门师团打响了抗日第一枪。江桥抗战由此而载入光辉的史册，马占山将军的名字也随之誉满中外。

⑳小说《林海雪原》的故事发生在哪里？

牡丹江流域森林茂密，群峰连绵，冬季白雪皑皑，势同一片浩瀚无际的林海雪原。自古以来在这林海雪原之中有一战略要地，即海林市。小说《林海雪原》故事的原型就发生在这里。小说中的英雄杨子荣生擒三朝三代惯匪座山雕的威虎山，距海林镇西北 40 多公里处。

㉑你知道八女投江的悲壮历史吗？

我国东北备遭日寇的蹂躏，多少英雄儿女为驱逐强敌，收复祖国的大好河山，奋起抗日，流血牺牲。1938 年 10 月，东北抗日联军五军在牡丹江下游林口县刁翎镇一带遭到敌人突然袭击。妇女团的指导员冷云(原名郑志民)和杨贵珍、安顺福、胡秀芝、郭桂琴、黄桂清、王惠民、李凤善等 8 名战士被隔断在江边，与大队失去联系。八名女英雄宁死不屈，直到打完最后一颗子弹，全部跳进牡丹江支流乌斯浑河，为祖国的解放事业写下了壮烈的一幕。

㉒满族的祖居地在哪里？你知道清王室诞生的传说吗？

满族的历史至今有 400 年左右。满族源于唐代形成的肃慎族及以后形成的女真族。长白山地区牡丹江上游是满族的祖居地。

传说在远古时代，距长白山天池东 30 公里的布库里山圆池突然飞来三朵彩云，翩然变成三个美女，在这清波粼粼的池水中洗浴。此时天边飞来一只神鹊，口里衔着一枚朱果，它把朱果吐在小女佛库伦的衣裙上。佛库伦浴毕上岸，见衣服上那枚光润鲜嫩的朱果，于是便吃了。不想因此而怀孕，生下一个男孩。这个男孩姓爱新觉罗，名布库里雍顺，清王室由此而诞生。至今布库里山圆池还有“洗儿石”和“天女浴躬处”等名胜古迹。

㉓为什么说丰满大坝是用东北人民的白骨筑成的？

“九一八”事变后，日本侵略者占领了东北，为实现经济掠夺，制定了所谓的“满洲开发五年计划”。丰满电站就是其中的一部分。丰满大坝的建设，采取了骗招、抓派劳工和勤劳奉仕等卑劣手段，从1937年开工，到1943年第一台机组发电，劳工更换了五茬，每茬上万名劳工，无论烈日暴晒，还是寒风刺骨，被逼迫在荒野上作苦役，死亡者不计其数，丰满下游不远的万人坑则是历史的见证。

㉔闯关东是怎么一回事？

历史上，东北大地幅员辽阔，资源丰富，尽管距今约10万年前，东北就有人类生存，但发展速度较为缓慢。到了清代顺治十年(公元1653年)，朝廷颁布了《辽东招民开垦例》条文，这样，华北、山东一带流民大量跨越山海关迁入东北，于是便形成了中国历史上又一次人口重大迁移。人们把这次迁移称为闯关东。

㉕松花江“河灯”文化是怎样形成的？

明清时期，京城和江南一带使用的木材多产于长白山，大量木材的运输全靠水路“放排”，第二松花江是重要的水上交通要道。清顺治十八年(公元1661年)，在今吉林市建立水师营，并大量造船。当时，放排和造船都是非常危险的职业，风大水猛，有不少人在风浪中丧生。为了稳住死者家属，平服人心，都统于农历七月十五这天，请僧人到江边作法事，为放排和造船而不幸死去的人超度亡灵。道场内容之一，便是把写有死者名字的纸船放在江中，让其随波远逝。于是一年又一年，一到仲元节，家家有故去亲人的都到江边放物，以示纪念。逐渐地，人们把纸船改成了河灯。河灯越做越漂亮，从而使松花江河灯成为中国江河文化中壮丽的一种文化形态。今天，燃放河灯已成为吉林市的传统节目。

㉖东北“三怪”说的是哪三种习俗？

人常说东北有三怪：窗纸糊在外；孩子吊起来；姑娘刁着大烟袋。实际上这三种习俗都与东北的自然地理环境及生活习惯和文化有关。东北地区冬季漫长，气候寒冷，为保暖，东北的民宅均采用一种既有采光效果又抗风寒的特制窗纸把窗户糊起来，窗纸贴在外面则是防止雪霜夜结日融的一种措施；孩子吊起来，指的是一种摇篮，摇篮前后微微摇动，篮中的婴儿安然入睡；至于姑娘叼着大烟袋，可以说是“关东烟”带来的一种烟文化。关东烟是东北的特产，烟味醇厚、芳香，具有防毒、解毒、止血、解乏及消遣、取暖等作用。“大烟袋”指的是一种烟具，系烟锅和烟嘴之间用一根长长的烟袋杆组成。这种烟具有过滤烟焦油的功能，可减轻吸烟对人体的危害。

㉗朝鲜族为什么用头顶水？

第二松花江上源流域，是我国朝鲜族聚居的地方。朝鲜族人民能歌善舞，姑娘们拖着飘曳的五彩长裙，头顶水罐成为该民族的一种象征。传说很早以前，朝鲜族部落男子出征，女人在家为防止恶霸欺负，把装满水的罐子顶在头上，以展不畏强暴的气质。后来，男人们回来，但顶水已成习惯，而且就是取东西也习惯用头来顶了。

㉘松花江的“水上丝绸之路”从哪里到哪里？

明代永乐九年（公元 1411 年）至宣德八年（公元 1433 年）的 20 年中，亦失哈以朝廷钦差大臣的身份出使奴尔干地区达 10 余次，往返航程万余公里。庞大的船队由海西（今黑龙江省双城县拉林河花园屯古城）出发，顺松花江而下，直到黑龙江下游，越过鞑靼海峡抵苦夷岛（今库页岛）。这个举动与著名的郑和下西洋处于同一时代，这条航路被称为“水上丝绸之路”。

㉙你能说说抗击沙俄侵略的松花江大捷吗？

唐代对黑龙江乌苏里江设立行政管理机构 700 多年以后，祖居在东欧平原的俄罗斯人才形成一个统一的国家。公元 1638 年之后的半个世纪中，沙俄加紧对我国的侵扰，反侵略战争此起彼伏。公元 1658 年 7 月 10 日，沙俄侵略者再次闯入我松花江口，由沙尔呼达率领清军船队 47 艘，用炮火将敌船击入江底，一半以上的俄匪被击毙和生擒。这就是历史上著名的松花江大捷。

㉚你能说出松花江流域 10 个主要少数民族吗？其人口大约有多少？

松花江流域是一个多民族聚居的地方。主要少数民族有：满族，约 140 万人；朝鲜族，约 90 万人；回族，约 14 万人；蒙族，约 70 万人；达斡尔族，约 9 万人；锡伯族，3 200多人；鄂伦春族，2 000多人；赫哲族，约1 400人；鄂温克族，约1 100人；柯尔克孜族，约 900 人。

㉛莫力达瓦达斡尔族自治旗曲棍球队为什么战绩辉煌？

莫力达瓦达斡尔族自治旗曲棍球队，从 1978 年开始，先后 16 次参加全国性比赛，其中 11 次夺得冠军。他们先后 10 余次代表国家队出国访问和比赛，而且中国曲棍球队的队员有 1/2 来自莫旗。原来，达斡尔族男子开展曲棍球运动的历史源远流长，自辽代开始，达斡尔族就盛行一种叫“贝阔”的体育游戏，“贝阔”达斡尔语为弯曲的棍子，其规则与现代曲棍球十分相似。

㉜你知道朝鲜族妇女最喜爱哪两项运动？

压跳板和荡秋千是朝鲜族妇女最喜爱的两项运动。压跳板由两个人分别站在压板两端，一方有力而准确地落下，将另一方高高弹起。一个落下，一个升起，越弹越高，越跳越快，别有情趣；姑娘荡秋千更是惊险，或是单人，或是双人，登上踏板，分开双绳，奋力荡起，如嫦娥奔月，悠然而下，似天女下凡。

㉝吉林省最古老的供水工程何年建于何地？

公元391年至公元412年，高句丽好太王（广开土王）在任期间，于今吉林市龙潭山建造山城（称尼什哈城），在城西北修筑了东西长52.80米、南北宽25.75米、深9.08米的长方形贮水池。后世称之为“水牢”或“龙潭”。据考证，此池乃供兵马饮水之用，为吉林省最古老的供水工程。

㉞珍宝岛因何而出名？

珍宝岛位于黑龙江省虎林县境内，在乌苏里江主航道西侧，为我国领土。珍宝岛面积约0.7平方公里。1969年3月5日、15日，苏联军队两次越过主航道侵占珍宝岛。为捍卫国家主权，我国军队与入侵苏军展开了一场反侵略的战斗，珍宝岛因此而家喻户晓。

㉟冰灯和冰雕有何区别？冰雕的历史有多长？

冰雕是松花江流域的民间艺术，它是以冰块作为原料，用雕刻工具将其雕刻成各种造型的艺术品，如楼台亭榭、银桥古刹、古今人物、飞禽走兽、花草虫鱼等。将冰雕的内部，安装上各种彩灯，便是人们常说的冰灯。据史料记载，齐齐哈尔市的冰雕已有100多年的历史。近几十年来，哈尔滨市的冰雕艺术异军突起，冰雕作品世界闻名。

㊱你见过浪木艺术品吗？浪木是怎样形成的？

在我国第一届民间艺术节上，展出一件浪木艺术品“荷花”。

花瓣层叠有序，叶纹清晰有致，根茎惟妙惟肖。浪木艺术属根雕的一种，又不同于根雕，是独产于松花江流域，属大自然给予的一种艺术种类。浪木的形成，是松花江两岸的树木被风吹折，或被雪压断，倒入水中，经过江水的冲刷激荡、冬夏冻融、冰层挤压、风吹日晒，若干个春夏秋冬地循环往复，渐渐地，这些树木变得无比坚硬和千奇百态，这便是浪木。浪木在江水中不浮在水面，而是沉在水中的一种特殊木材。

㊲清王室何时对长白山实行封禁，为什么？

清康熙十六年(公元 1677 年)八月，康熙帝谕示：“长白山发祥重地，奇迹甚多，山灵宜加封号，永著祀典。以昭国家茂膺神祝之意。”于是开始对长白山实行封禁，不许蒙古人、汉人进入封禁区，只许官府采珠、挖参、狩猎。可见清王室把长白山作为自己的发祥之地。

㊳你知道高丽国的发源地在哪里吗？

高丽国的发源地在现吉林省的集安县。此地土名通沟，又称洞沟。早在汉以前为沃且地；汉武帝灭之，为玄菟郡地；公元前 37 年，高句丽民族建立了奴隶占有制的地方政府——高句丽王国，当时都城建于辽宁省桓仁“五女山城”。至公元 3 年，高句丽第二代琉璃明王从桓仁迁都“国内城”(今集安县城)。到了第 20 代长寿王时代，迁都朝鲜平壤，这时的集安仍作为高句丽的别都。直至公元 618 年，高句丽为唐所灭。后由原高句丽部下大祚荣建立了震国，于公元 713 年接受唐的封号，改名为渤海。现在在鸭绿江边还能目睹到古都遗迹，在县城东 7 公里的洞沟河畔，有高句丽古墓群,达万座之多,规模之庞大令人惊奇。这些古都城和古墓群的设计和建筑,体现了当时高句丽人民的智慧和他们的军事思想,是研究高句丽民族文化的重要实物资料。

㊴你知道满族人居家的象征是什么吗?

在满族人家的庭院里,一进大门就能看到在院子的东南角竖着一根细木杆,杆高3.3米左右,顶端为风磨铜顶,包着一块红布,上置锡碗一个。从顶端往下0.3米左右还横有一个短杆,满族人称之为"索罗杆"。过去,在满人的居宅,几乎家家如是,因此,索罗杆成了满人居家的象征。过去,东北人烟稀少,林木莽莽,山野之中盛产人参,索罗杆就是满人祖先采参时使用的工具。人们进山时,用它拨拉草荆,既可开路又可寻觅参苗。在山野中若遇猛兽,又可做为防身的武器。另外,满人敬奉喜鹊,当采参休息时,插杆于地,把食物放在圆斗中以招喜鹊来食。到后来,采参用的索罗杆便逐渐演变成院子里的祭杆了。

㊵杨靖宇将军陵园在哪里?

杨靖宇同志原名马尚德,河南省确山县李湾村人,中国共产党党员,1929年被党组织派到东北,"九一八"事变后,创建东北抗日联军第一路军,转战白山黑水,给日寇以沉重的打击,他的威名震撼整个东北,令敌人闻之丧胆。

1940年2月23日,杨靖宇将军带着十几个人在执行任务时,在蒙江县被敌人包围,他带领战士同敌人展开了殊死的搏斗,奋战五天五夜,为了党的事业,为了民族的解放,流尽了最后一滴血,时年35岁。

1946年,东北民族抗日联军总司令部为了纪念为国殉职的民族英雄杨靖宇将军,改蒙江县为靖宇县,并在蒙江县修建了杨靖宇将军烈士陵园。

㊶你知道"女真大字"是谁创造的吗?

"女真大字"是金代初年著名的政治家完颜希尹创造的。天辅三年(公元1119年),金太祖完颜阿骨打命希尹撰制本民族文字,"希尹乃效汉人楷字,因契丹字制度,合本国语制女真字。"希尹造就了一套拼音文字,八月进呈太祖,"太祖大悦,命颁行之。"金熙宗时,希尹官至尚书左丞相兼侍中,加开府仪同三司,因金代统治阶级内部斗争,他与两个儿子一齐被"赐死",后得昭雪,重新改葬。墓地建于今吉林省舒兰县小城子北5公里的山峦前一片向阳的岗地上。墓地长5公里,宽1.5公里,颇有气势。墓旁敕建完颜希尹神道碑,造型古朴,是金代雕刻艺术中的珍品。

㊷侵华日军731部队"细菌工厂"遗址在哪里?

侵华日军731部队的遗址,位于哈尔滨市平房区。这个特别部队是20世纪40年代世界上规模最大的研究和准备细菌战的秘密军事机构。在这座"细菌工厂"里,日本法西斯分子用活人进行各种病理研究、细菌实验、活体解剖和冷冻等实验。从1941年到1945年的4年间,有近4 000多中外人士、共产党员和无辜群众在这座细菌工厂里被残害。日本侵略者为了毁灭罪证,于1945年8月无条件投降前,将与生产细菌武器有关的建筑设施全部炸毁,目前尚残留的遗址有:本部大楼、四方楼、特设监狱、冷冻试验室、兵器库、焚烧炉和菌种地下储存室等,这些都是日本侵略者侵华的铁证。

㊸你知道金上京会宁府遗址在哪里吗？

金上京会宁府俗称“白城”，其遗址位于黑龙江省阿城县旧城南2公里处，是迄今为止保存较为完好的惟一一处金代都城遗址。上京会宁府自金太祖完颜阿骨打称帝，至公元1153年海陵王完颜亮迁都燕京（今北京）止，金政权在这里历经四帝，统治长达38年之久。遗址由毗邻的南北二城所组成，中间以腰垣为限。结构形状在建筑风格上则保持着金代古城建筑特点。至今皇城午门及宫殿建筑遗址均保存完好，外城城墙、瓮城、马面、角楼及护城河遗址尚存，对研究金代社会历史具有十分重要的价值。

㊹你知道“黄龙府”的名字是怎么得来的吗？

“黄龙府”原称渤海扶余府，传说当时曾有黄龙出现，遂更名为黄龙府。在今吉林省农安县城，周长3.5公里，今存门址残迹7处。1 000多年前，这里是多民族杂居之地，公元427年，辽太祖耶律神册平定渤海回到此地后驾崩。辽时设都布署司，下辖益州、威州、清州、雍州及黄龙、迁民、远军三县，是当年军事重镇，驻有大批辽兵。金太祖收国元年（公元1115年）金辽战争，金将完颜娄大败辽军，遂为金兵占领。南宋初，宋、金相敌，抗金名将岳飞，曾以“直抵黄龙府，与诸君痛饮尔”勉励所属部下，指的就是此地。

㊺你知道君子兰是哪座城市的市花吗？

君子兰是吉林省长春市市花，花红似火，中夹黄蕊，碧叶宽厚，左右披展。原产于南非，是世界名贵观赏花卉，长春原种由日本引进，在长春伪满洲国皇宫御花园中栽培，供达官显贵观赏。抗战胜利后流入民间。从1958年开始杂交育种到目前为止，已进行了7个杂交世代，品种之优，数量之多，长势之好，为国内外罕见。

㊻吉剧是哪个省的地方戏？

吉剧是吉林省的地方戏曲。创建于1960年，是在“二人转”的基础上发展起来的。特点是唱、舞结合，取材民间，乡土气息浓厚，雅俗共赏。《桃李梅》、《包公赔情》、《燕青卖线》、《江姐》等优秀剧目，分别获得全国性创作奖或演出奖，并被移植成评剧、越剧、京剧等剧种，还拍摄成电影、戏曲片，灌制了唱片和录音带等。

㊼你知道“东方礼仪之族”指的是什么民族吗？

朝鲜族有着尊老爱幼、礼貌待人、和睦相处等许多优良的风俗习惯，自古就享有“东方礼仪之族”的美称。东北地区朝鲜族集居的地方是吉林省延边朝鲜族自治州。

朝鲜族的语言有三种阶称，即“尊敬阶”、“对等阶”和“谦卑阶”。通过不同的语法格式，表达不同的感情色彩。老人在家庭里或社会上处于很高的位置，单独饮食，不和晚辈同席，吃饭时家人不得先于父母动筷。在室外见到他家老人，要鞠躬问安，在室内要行跪拜礼。给老人过“花甲”是尊老习俗中最庄重的一项。做寿时，摆上丰盛的美味佳肴，儿孙们频频向老人敬酒，祝老人长命百岁。

晚辈的尊老习俗诚然可贵，长辈爱护晚生的习俗也值得赞扬。新的生命一降生，就要举家庆祝，盛大的庆祝是周岁的活动，以后每年要过一次生日。朝鲜族重视教育，即使在困难年月，也要让子女上学。在家里，注意给孩子传授礼节，使朝鲜族的美风良俗一代一代流传。

㊽你知道什么是“二人转”吗？

20世纪末，中国的文化圈里刮起了一股强劲的“东北风”，而这“东北风”的源头就是长期流传于松辽平原上的一种民间的综合艺术形式——二人转。

其实，二人转并不只是由两个人表演，它有单出头、二人转和拉场戏三个分支。二人转的表现形式非常独特，有“四功一绝”，“四功”即唱、说、扮、舞，“绝”是指绝技。由于二人转唱腔高亢红火，风趣幽默，语言活泼生动，插科打诨，表演载歌载舞，机智灵活，取材贴近生活，具有鲜明的地方特色和浓郁的生活气息，因此，深受广大人民群众的喜爱。

㊾你见过渤海摩崖岩画吗？

渤海摩崖岩画位于黑龙江省牡丹江海林市柴河乡。摩崖是高耸于牡丹江面的近乎于垂直的峭壁，山崖因经年风化而大块脱落，造成了很大的带有垂直平面的石壁，岩画就绘在上部的西南向的一块石壁上，大概绘于唐宋年间。石壁高出江面约23米，高1.2米，宽1.8米，上有石板遮挡，山石系花岗岩质地，因成分结构不同而呈灰、棕、褐、浅褐等不同色地，岩画在浅褐色石地上，绘画部分呈朱红色。画面内容丰富，有鹿形动物、人、凉棚、扁舟、鱼网等，岩画用赭石做着色料，构图严谨，反映了丰富的艺术构思和朴实的绘画风格，形象而真切地反映了渤海时代人们的生活场景和精神风貌，是珍贵的渤海艺术遗存。

㊿你知道我国妇女的传统服装——旗袍是怎样演变来的吗？

旗袍是满族服装，其样式特点是圆领、捻襟、窄袖、四开襟、带扣襻。因为东北冬季时间较长，气温较低，大小棉袄外面再穿以圆领、大襟和紧袖口的袍子，冬季在野外狩猎，不但御寒能力较好，而且睡觉时亦可当做被褥使用。窄袖口上加上圆形袖头是为了御寒，四开襟是为了骑射的需要。辛亥革命以后，汉族妇女也普遍穿着，样式也逐渐改进。一般式样为：直领、右开大襟、紧腰身、衣长至膝下、两侧开叉，并有长、短袖之分。由于其做工精巧，样式美观，女性穿着后更能显出窈窕体态，因此，深受东方女性喜爱。发展到现在，几乎成为我国女性的代表服装。

51吉林省因何而得名？

吉林省位于我国东北的中部，东踞长白山地，西卧松辽平原中部，北界黑龙江省，南接辽宁省，西邻内蒙古自治区，东部与俄罗斯接壤，东南部以图们江与鸭绿江为界河和朝鲜相望。

吉林是满语“吉林乌拉”的简称。据《吉林通志》载：“国语吉林谓沿，乌拉谓江，其曰吉林者从汉文而省也”。这时所谓的“国语”是指满族语言，即吉林沿着松花江大川的意思。因省会最初设在吉林而得省名。吉林省简称吉。

㊿闻名遐迩的“关外三陵”在哪里？

清朝历代帝后的陵墓，主要分布在辽宁的新宾县、沈阳市和河北的遵化、易县。其中新宾的永陵、沈阳的福陵和昭陵，便是闻名中外的“关外三陵”，也称“清初三陵”或“盛京三陵”。“关外三陵”具有浓厚的我国东北地区古代建筑艺术的传统和独特的满族民族特点。而今，它以优美的山陵风光、封建城堡式的建筑、断壁残垣的古迹风貌和神秘而静穆的独特气氛引人注目。

53你知道沈阳舍利塔之谜吗？

“舍利”是古印度梵文之音译，又译为“设利罗”、“室利罗”，意为尸体或身骨，通常指佛祖释迦牟尼遗体火化后形成的珠状物。在沈阳崇寿寺白塔的圆形地下室内，砌有一座神案，案上放着一个石函，石函内有一铁函，铁函内又有一铜函，铜函内为一银函，银函内放一十分精致的立方体小银亭，亭内有一小瓷葫芦，内装数百粒沙粒和小珍珠，这就是所谓的“舍利”。根据石函盖及周围的文字可知，此塔建于公元1107年，距今有890多年。此外，在第一层檐塔中心的一小室内，发现一长方体带盖石函，函内一铁函，铁函内放着两套盒共7个小盒，其中一套是四层盒套放，外两层是铜盒，第三层是银盒，最后一层竟是长宽不到2厘米的小鎏金盒，盒内放有120颗粉白状小粒，根据第一层铜盒盖上“佛舍利子，乾统八年，三月廿三日”的字样可知，这些小粒当属佛舍利子无疑。另外一套是3层盒，外为铁盒，中为铜盒，里为银盒，内放“舍利子”178颗。除少数珍珠外，大多数是沙粒。原来上述小颗粒并非真的佛骨，不过是替代品而已。

㊹驰名中外的沈阳“大十面”是什么？

“大十面”，本名石经幢，是一尊造形奇特、雕刻精美的深青色大石碑，碑身呈八面柱体，再加上下两面共有十面，所以人们称其为“大十面”。大十面始建于辽代，距今已有近千年的历史。它原由天盖、幢身和幢座三部分组成。现在天盖顶部早已被毁。天盖原为八角亭檐式，上饰瓦垄纹，下为檐坊，转角处是一斗二拱的斗拱形制。幢身八面，上刻唐代著名高僧不空译的《佛顶尊胜陀罗尼经》。幢座八面，分别雕刻有栩栩如生的力士、鸟兽浮雕。大十面不但是我国的国宝，而且也是研究佛教史和沈阳地方史的珍贵文物。

㊺你知道孟姜女遗迹吗？

“孟姜女哭长城”的故事，在我国流传极广，各省都有不同的说法，内容差异很大。其中一种说法是：孟姜女是陕西人，婚后不久，丈夫被官府抓走，送往山海关修长城，一去 3 年，音信皆无。北方冬季寒冷，孟姜女为丈夫做好御寒棉衣，千里寻夫，历尽千辛万苦，来到山海关。她四顾茫茫，后来听说丈夫因修筑长城劳累而死，尸骨就埋在长城下面。孟姜女得此噩耗，如晴天霹雳，放声痛哭，最后将修在海边的长城哭倒。孟姜女把丈夫的尸骨拣出埋葬后，自己也投海自尽了。

后来，在辽宁省今绥中县西南万家乡的海面上出现四块黑色礁石，被人称为“姜女坟”或“姜女石”。由于这几块处在海中的陡峭礁石，平时人迹罕至，所以成了海鸟的乐园。成群的海燕，在这里盘旋栖息，景色独特而优美，因此又被称之为“姜女坟雁阵”。

㊽为什么说旅顺是古战场？

旅顺地理位置重要，历来为兵家必争之地。公元1894年的甲午战争，1904年的日俄战争，旅顺口都是当时的主要战场。

甲午战争时，公元1894年11月20日日军发起对旅顺口的总攻击，担任守卫东北方阵地的徐邦道总兵，率领所部将士们在望台炮台和东鸡冠山一带英勇抗击日军的进攻。在1904年日俄两个帝国主义争夺旅顺口的战斗中，东鸡冠山和望台炮台一带仍是日俄争夺的主要战场。

㊾你品尝过天下第一饺吗？

辽宁省大连市的群英楼饭店，于公元1892年建店以来，生意兴隆，尤以经营水饺而驰名国内外。特别是群英楼色形味俱美的速冻饺子(每个内装鲜虾5克、鲜菜10克)，直接空运至日本，800箱为一组，精制的包装袋闪着金字：天下第一饺，中国大连群英楼。

㊿盛城“四象”是指什么？

“四象”有的说是指春、夏、秋、冬四季，有的说是指水、火、木、金四方，还有的说是指太阴、太阳、少阴、少阳等。这里指的是四座塔。盛城四象，就是都城盛京四塔的意思。在沈阳市旧城城址的四角上，分别建有一座砖塔，叫东塔、西塔、南塔和北塔。如今，除了西塔已经被拆除以外，其余三塔都比较完整地保存下来了。

公元1625年3月，努尔哈赤迁都沈阳后，就着手营建宫殿。皇太极继位后，继续进行营建都城的宏伟工程，在崇德元年把宫殿基本建成，同时修筑了四塔。清代人有种说法，叫“一主生两仪，两仪生四象，四象生八卦”。一主，就是指的皇宫；两仪，是指祭扫天地用的天地坛。四象，就是四塔；八卦，是指八门八关。

㉟太清丛林今在何方？

坐落在沈阳旧城城墙的西北角的道家寺观太清宫，门前挂有书写“太清丛林”四个大字的横匾，所以太清丛林就是指太清宫。太清宫建于清康熙初年，最早叫做“三教堂”，是当时的盛京将军吴达礼，聘请道士郭守真开始筹建的。清乾隆三十二年（公元 1767 年），正值浑河泛滥，暴雨成灾，“三教堂”的殿宇倾颓，后来经过监院赵一尘的重修，“三教堂”遂改名为“太清宫”，一直延续至今。

1921 年，中华道教总会在这里设立了关东道教分会。从此，太清宫一直成为东北的道教中心，也是辽宁省和沈阳市的主要名胜古迹之一。

㊵什么是“较射给官”？

清朝入关以前，在清太宗皇太极统治时期，曾经仿效明朝的科举制度，举行过两次考试选官。对边疆少数民族，则按射箭比赛的成绩优劣，任命官职，这便是“较射给官”。

㊶何谓万佛堂石窟奇观？

四川乐山大佛，早已闻名遐迩。可是人们未必知道，在祖国的东北还有一处北魏时期留下的雕刻在石窟里的万尊佛群，这就是地处辽西的义县万佛堂石窟。

万佛堂石窟，位于大凌河北岸。它依山势凿在悬崖陡壁之上，滔滔河水从它脚下曲折流过，气势十分雄伟。石窟分东西两区，东区有七窟;西区分上下两层,有九窟。窟与窟之间有路可通。

走进刻有“洞天福地”的石门,便进入西区的第一窟洞。窟内石雕佛像千姿百态,石刻盘龙形神兼备。大型直立的石佛,高达丈余;小的佛像,倚壁而立,仅有寸许。窟顶飞天绘画,仙女袒胸赤足,彩带翩跹,舞姿飘逸,仪态万千。

西区第六石窟中有一尊大型“叉腿弥勒”。这尊石雕体型高大,面部端庄,眉眼细长,额宽唇薄,穿着薄衣。它可算是石窟群佛之首,并可同敦煌、龙门、云岗等著名石窟的佛像媲美。

在石窟的东区,保存完好的有北魏《韩贞造像题记碑》。此碑题记中记载了韩贞等于景明三年(公元502年)建造东区石窟之始末。据考证,韩贞是北魏王朝派往少数民族契丹住地(今义县一带)的慰问大臣。此碑是研究契丹早期历史的珍贵史料。

万佛堂石窟不仅是东北地区现存年代最早、规模最大的石窟群,也是我国石窟群中年代久远、开凿艰巨、工艺精美的上乘石窟。在全国整个佛教雕刻艺术中,万佛堂占有重要地位,是我国民族文化的一份宝贵遗产。

㉒辽阳八景“白塔晚晴”在哪里?

辽阳白塔坐落于辽阳站前公园中。塔为八角十三层实心密檐式砖塔,塔有两层基座。塔前八面都雕有佛龛,每个龛内有坐佛一、左右协侍菩萨二。这些浮雕像面部饱满,双目下垂,形态凝重生动。佛龛之上还雕有垂幔式主盖,以及衣带飘拂的飞天。整个塔面充满宗教的神秘色彩,构成八景“白塔晚晴”。

以往的研究者都认为这座白塔建于金代,即金世宗大定初年(公元1163年左右),迄今已有800多年的历史。但是近年又有人认为它可能建于辽代,说它和锦州大广济寺塔、兴城白塔峪塔,是同时期产物。不管它是女真族王朝造的、还是契丹族王朝造的，总之，它是我国东北古代少数民族遗存的艺术杰作。

㊸清朝贡品——锦州什锦小菜是如何制作的？

锦州什锦小菜，又名虾油小菜，是用人们常见的小黄瓜、豇豆、油椒、芹菜、小茄子、小芸豆角、地梨、苤蓝块和姜等 9 种营养丰富的蔬菜，再加适量剥去皮的杏仁，经特制的虾油腌渍而成。据考证，当年锦州什锦小菜不但是大众的美食，也是进献朝廷的贡品。锦州什锦小菜始创于清康熙年间，距今已有 300 多年的历史。

㊹震惊中外的辽沈战役发生在哪里？

锦州地处华北与东北交通咽喉，历来为兵家必争之地。解放战争三大战役的第一个战役——辽沈战役，就是在这里打响的。这一战役意义之大、规模之巨，在中国革命史、世界战争史上都是罕见的。

辽沈战役从 1948 年 9 月 12 日始至 11 月 2 日止，历时 52 天，我军全歼蒋介石在东北战场共 33 个师472 000人，缴获各种炮 4 709门、飞机 16 架、坦克 76 辆、汽车2 170辆，以及全部的军用物资，解放了全东北。矗立在锦州城东北的辽沈战役纪念碑，记下了当年英雄们的战绩。1985 年 3 月，中共中央、国务院和中央军委又批准在这里修建一座国内一流的纪念馆，永远纪念这次战役的丰功伟绩。

⑥⑤我国特有的亭子群皇宫在哪里？

位于辽宁省省会旧城中心的沈阳故宫，是清代开国之初前两代帝王（清太祖努尔哈赤、清太宗皇太极）营建及使用的宫殿，清世祖福临也在此即位，是我国最具满族特色的皇宫，也是我国宏伟的三大古建筑群之一（其余二处为北京故宫和曲阜三孔）。

沈阳故宫始建于公元1625年，主要建筑于公元1636年基本完成。清朝入关之后，这里成了陪都宫殿，康熙、乾隆年间又经改建、扩建，于乾隆四十七年（公元1782年）最后建成如今的规模，占地达60 000多平方米，拥有70余所建筑，共300多间。其布局分三大部分。

中路建筑最宽最长，是故宫中心部分的“大内宫阙”。主要建筑有大清门、崇政殿、凤凰楼等。崇政殿（俗称金銮殿）为皇帝临朝之所，大清门是群臣候朝之处，凤凰楼是当年盛京（沈阳）的最高建筑，楼高7层，可观日出。“凤楼晓日”为沈阳八景之一。

东路建筑最富满族特色，在一个狭长的大院内，正北居中的大政殿，建于公元1625年至公元1626年。这座重檐攒尖式八角亭是沈阳故宫的最早建筑，主要用于各种大典。公元1644年，顺治皇帝在此登基。殿前排列10座小殿，均为亭子，称为“十王亭”，由北至南，东5座为左翼王亭、镶黄旗亭、正白旗亭、镇白旗亭、正蓝旗亭；西5座为右翼王亭、正黄旗亭、正红旗亭、镇红旗亭、镇蓝旗亭。这是按八旗制度方位排定的“君臣合署办公”体制。除上述11座亭子外，最南端还有2座乐亭，共计13亭。这种由亭子群组成的皇宫是我国特有的。

西路建筑以文溯阁和戏台为主。文溯阁建于乾隆四十六至四十七年，为清朝“宫内四阁”之一（其余三阁分别设在北京故宫、圆明园和承德避暑山庄），专门用来收藏《四库全书》和《古今图书集成》。文溯阁前、后有嘉乐堂、仰熙斋，分别为皇帝观戏、读书场所。

这些都是清朝后代帝王在东巡时增建的。

新中国成立后，沈阳故宫改为沈阳故宫博物馆，对外开放。

⑥⑥《满文老档》是什么，现存何处？

沈阳故宫博物馆内，还有一处存放清朝“典漠”的地方——崇漠阁。里面存放的《满文老档》是清朝最重要的历史文献之一。《满文老档》是清朝入关前用满文撰写的，惟一的官撰编年体史书，辑录了16～17世纪女真族从分散到统一的真实历史情况。其中，努尔哈赤建立后金、“满族”这个新的民族共同体兴起、皇太极改称大清、统一东北地区、入关夺取全国政权等前后数十年的历史，记载详尽。因此，它是研究清初社会性质、早期满民族历史、地理的珍贵文献，也是研究满族语言文字发展史的重要资料。

⑥⑦你知道红山文化遗址在哪里？

红山文化是我国北方地区新石器时代的一种原始文化。它分布在东起辽河流域，西至燕山南北的广大地区，由一个大的部落集团所创造。因1935年首次在内蒙古赤峰市郊区红山发现这种原始文化遗址而得名。红山文化以红地黑彩陶器和压印字纹陶器共存，大型打制、磨制的石农具和用于切割刮削的细石器工具共存为主要特征。

我国考古界多数人士过去认为，红山文化是在黄河流域仰韶文化影响下发展起来的。70年代以来，考古工作者又发现了众多红山文化建筑遗址和墓葬遗址，发掘出大批的陶塑女像、特异型式的彩陶器，以及龙形、龟形、鸟形、蝉形等玉器。证明我国史前期存在着两个大文化区系，即中原古文化和北方古文化，其中北方古文化又由红山文化和河套文化组成。

68你知道毛泽东主席诗词"东临碣石有遗篇"中的"碣石"位于何处吗?

公元207年,曹操北征乌桓回师路上,曾到过碣石。他写的《步出夏门行》诗中有《观沧海》一章,其中有"东临碣石,以观沧海"等诗句,千古传颂。然而碣石在什么地方?历来史学家意见不一。一些人推测为现今河北省昌黎县的"碣石山"。但根据不足,不能令人信服。近年来,辽宁省考古工作者在绥中县万家乡海滨发现和挖掘两处秦、汉遗址,初步推断习称"姜女坟"的地方就是碣石所在。

碣石一地,秦汉以来即已出名。《史记》记载,秦始皇三十二年,就到过碣石。汉武帝也"北至碣石,巡自辽西"。既然秦、汉两朝皇帝都到过碣石,想必当年在碣石附近必有同皇帝身份相称的生活建筑设施。曹操诗句所描写的碣石和其周围景物,即使在今天看来,也大体与"姜女坟"的环境特征吻合。

69雷锋是在哪座城市因公殉职的?

雷锋同志1940年11月出生在湖南省长沙县一个贫苦农民家庭里。1958年雷锋来到鞍钢,投身到社会主义建设事业中。他曾先后3次被评为红旗手,18次被评为标兵。1960年雷锋光荣地参加了中国人民解放军,曾立二等功一次,三等功两次,被评为模范共青团员、节约标兵,同年11月光荣地加入了中国共产党。1962年被任命为工程兵某部四班班长,同年被选为抚顺市第四届人大代表。1962年8月15日,雷锋同志在抚顺市不幸因公殉职,年仅

22岁。

雷锋陵园，位于抚顺市望花区雷锋生前所在部队的驻地附近，落成于1964年，占地65 000平方米。陵园布局开阔，绿草如茵，松柏苍翠。伟大的共产主义战士雷锋同志的遗体就安葬在陵园里。陵园正面，矗立着一座大理石石碑，上面镌刻着毛泽东主席的光辉题词“向雷锋同志学习”七个金光闪闪的大字。陵园右侧广场上，屹立着英姿勃勃的雷锋全身塑像。

70 你知道周恩来总理少年时代在东北什么地方读过书吗？

周恩来总理少年时代，曾在辽宁省两个地方读过书：一个是铁岭银岗书院，另一个是沈阳官立东关师范学校。

1910年春初，12岁的周恩来随同伯父周贻谦到铁岭，进入银岗书院的小学堂读书，为时半年，时间虽然不长，却给少年周恩来留下深刻印象。他亲切地把铁岭称为“第二故乡”。同年秋，周恩来又转到沈阳官立东关师范学校插班学习，在此度过了3年学习生活。少年周恩来在《东关师范学校第二周年纪念日感言》一文中提出学生应肩负“国家将来艰巨之责任”，“为中华之崛起而读书”。

1916年6月，周恩来东渡日本求学。在离国前夕，他到沈阳看望母校师友，奋笔写下了“志在四方”、“愿相会于中华腾飞世界时”的临别赠言。

71 你知道张作霖陵墓水下部分拆迁的事情吗？

张作霖陵墓——元帅林坐落在大伙房水库浑河入口处的北岸，始建于1928年，1931年基本完成。后因“九一八”事变，张作霖的灵柩没机会迁葬入内，元帅林的墓室、棺床一直空到如今。

大伙房水库最高水位为139.8米,元帅林山下部分在130米高程以下,处在水库淹没区内。为了保护这一重要历史文物,1956年辽宁省决定拆迁元帅林山下部分建筑,将有艺术价值的石刻等文物,如山门(牌坊)、耳房、大殿、大墙、石人、石马、石骆驼、石狮子等都迁移到山上,拆迁工作共用了一年半的时间。近年这些重要文物又修葺一新。这一善举,使寓居海外的张学良先生免去悬念。

72 你知道我国保存最完好的明代古城在哪里吗?

辽宁省兴城市的古城,是我国目前保存最完好的明代城池。兴城历史悠久,自古是兵家必争之地。在夏、商、周时期属孤竹国地,战国时期为燕地。秦统一六国后,兴城地方划归辽西郡。汉为徒河县管辖,晋时属集宁县,隋唐时期属柳城郡柳城县。兴城古城始建于明宣德三年(公元1428年),明为宁远卫,清为宁远州。1914年恢复兴城县名称。

兴城古城与山西平遥、陕西西安和湖北襄樊一起被称为我国明代四座古城,同时也是四座古城中保存最为完好的一座。古城呈正方形,保存完好的古城墙四周环绕,墙8.8米,周长3 247米,是国家级文物保护单位。古城设四门,门上皆筑城楼,东南角建有魁星楼一座,城中心建鼓楼一座。南街有祖大寿石坊和祖大乐石坊,二者凌空高架于古城主要干道上。古城东南隅,还有一座建于明宣德五年的文庙、照壁、棂星门、泮桥、乾门、大成殿、崇圣祠、碑亭、祭器店等各种建筑。

73 我国北方发现的最早的古代遗址在哪里?

辽宁省本溪庙后山和营口金牛山两处遗址,是目前我国北方发现的最早的古代遗址，属旧石器时代早期。这两处遗址出土的石器，体形较小，器形简单，而且打制得不规整，有砍砸器、圆刃刮削器、半圆刃刮削器等，多为利用自然石面为台面，单向加工的石片石器，还保留着较多的原始性，与北京周口店遗址出土的石器很相似。出土的动物化石也是一组典型的中更新世北动物群，所处的时代与北京周口店第一地点相当。这些都显示着该两处遗址与"北京人"遗址同属于一个系统的文化遗存，它们之间在文化上的关系是比较密切的。

74 早期"富河文化"遗址分布在哪里？

"富河文化"主要分布在西拉木伦河以北。富河文化具有浓厚的地方特色，与南邻的红山文化具有明显差异。富河文化有它独具特点的陶器群，陶器都是夹砂陶质，以黄褐色为最多，灰褐色次之，皆为手制。此外，还有大量的石器和骨器，在富河文化遗址还清理了30多座房址，房址多呈方形。

75 你知道辽朝吗？

后梁贞明二年(公元916年)，耶律阿保机统一了契丹八部，建号称帝，开创了一个颇有朝气的王朝，国号有时称契丹，有时称辽。

契丹生息在辽河上游，以车帐为家，逐水草放牧，有少量的种植业和手工业。唐末，他们一只脚还踏在原始社会的地基上，另一只脚已跨上阶级社会的门槛。他们四出征战，掠取牲畜、财货和人口。辽朝先后九帝，传国109年。它在极盛时期的版图，东临日本海，南至河北中部和山西北部，西逾阿尔泰山，北抵外兴安岭和石勒喀河，近贝尔加湖。辽朝与五代同始，与北宋同终。

76“辽东三老”是指哪三位著名文人？

明代以前，东北号称荒沙绝塞，文风一向不盛，以诗人名天下者寥若晨星。及至清代，游人络绎东来，文人骚客的足迹渐及辽东地区，于是东北文风为之一振。到了雍正、乾隆时代，“辽东三老”李铁君、陈石闾、戴遂堂脱颖而出。他们的作品名噪东北，被誉为清代辽东“诗人之雄”。他们的创作风格“苍苍高凉，沈郁深厚”，都追求所谓汉魏之风，初盛唐之神采；他们的生平遭际也比较相近，或仕途坎坷，或矢志归隐，或以布衣终其身。

77你知道名传千古的“赵苞弃母全城”的故事吗？

东汉末著名人物赵苞（字威豪），任辽西太守的第二年，派人迎接老母及妻子入郡，路经柳城（今辽宁朝阳市），遇到鲜卑万余人入塞为寇，并将苞母及妻子劫持为人质。赵苞率二万兵骑，与之对阵。敌人把他的母亲推到阵前以示威胁。苞见状，哭着对母亲说：本想以儿子微薄的薪俸供养您老人家，何曾想到反而带来大祸。过去我是您的儿子，现在我是一国大臣，不能只顾私利，忘却大节。如此，儿子万死，难以抵罪！苞母远远地对他说：威豪，每个人都有自己的命运，为什么要顾我而亏了尽忠守节！苞率兵立即发起反攻，全歼敌人。但战斗中苞母及妻子皆遇害。汉灵弟为表彰赵苞的一片忠心，敕封为鄃侯。这便是“赵苞弃母全城”的故事梗概。

78满族是怎样崛起的？

15世纪中期，明代江河日下之时，散居在辽宁广大地区的女真族在浑河上游苏子河流域定居下来，并以建州部为核心，形成了一个新的民族共同体——满族。

努尔哈赤是实现由女真族到满族转化的重要人物。他出身于女真奴隶主贵族之家，祖、父都是女真的部落首领，万历十一年(公元1583年)，被明朝镇守辽东的总兵误杀。时年25岁的努尔哈赤愤然起兵。明朝则以他祖、父关系和本人的忠诚，给他加爵为龙虎将军。自此，满族开始崛起。

⑦⑨努尔哈赤何时建立国家政权，登位的地点在哪里？

万历十五年(公元1587年)，努尔哈赤在今辽宁省新宾县西部22.5公里处的烟筒山南侧修建汗王殿。公元1616年努尔哈赤在这里始称"覆育列国英明汗"，实际上是宣布登位，开始真正建立一个新的国家政权，名后金，即后来清朝的前身。他登位的地点现在叫"尊号台"。

⑧⓪你知道张作霖和震惊中外的"皇姑屯事件"吗？

张作霖，公元1875年生，号雨亭，祖籍海城，当过土匪，后经招抚，任中将师长，驻奉天省城成为奉系军阀。1916年，黎元洪任总统，张作霖被任命为奉天督军兼省长。1918年又升为东三省巡阅使。

1927年，蒋介石通过发动反革命政变夺取了全中国的统治权。张作霖为继续控制辽宁，向蒋家王朝靠拢，采取了联蒋反共的态度。当时张作霖组织了安国军，并由安国大元帅登上了中华民族陆海军大元帅的宝座。但是张作霖的所作所为不可能使日本帝国主义达到完全满意。1928年6月4日，张作霖乘火车从北京返回沈阳，列车到皇姑屯(今沈阳市内)被日本关东军预埋炸弹炸死。这就是震惊中外的"皇姑屯事件"。

㉛你知道"九一八"事变的真相吗?

回溯现代史,谁都会对"九一八"事变产生不寒而栗之感。这次事件影响之大以致于全中国从此变成了一个殖民地、半殖民地和半封建社会。事变前,日本军国主义分子大肆叫嚷"满蒙并非中国领土","满蒙是日本的生命线",为他们武装侵略东北制造舆论。当时的沈阳为东北四省的政治、经济、文化中心,是东北军主力的所在地。日本先把关东军集中到奉天(今沈阳),并着手策划先发制人和频繁的实地演习。1930年关东军策划把沈阳城东北郊的柳条湖作为行使武力的出发点。1931年夏,代理关东军司令官板垣征四郎等又制定了挑起柳条湖事件的具体计划。原定时间为当年的9月28日,后因消息泄露,决定提前行动。9月18日夜,在柳条湖的日军自己炸了一段铁路,然后嫁祸于人。贼喊捉贼地诬称中国军队破坏南满铁路、袭击了日本的守备队,并立即攻占了沈阳城,1932年东北全境沦陷。

㉜在解放战争史上,你记得辽沈战役这光辉的一页吗?

辽沈战役从1948年9月13日开始,至11月2日结束。中国人民解放军进攻的主要目标是锦州、沈阳,涉及的地区包括塔山、高桥、黑山、大虎山、彰武、锦西、葫芦岛等城镇和地方。10月14日我军向锦州发起进攻,经过31小时的激战,全歼锦州国民党守敌10余万人,俘虏了东北"剿总"副司令范汉杰。攻下黑山、大虎山、新民,俘虏了敌兵团司令翟耀湘及以下官兵10余万人。我军在此基础上乘胜前进,11月2日解放了沈阳、营口。从此,辽沈战役以我军全胜而结束。此役共歼灭敌人47万。在辽宁大地树立了解放战争的一座最伟大的丰碑。辽宁的解放,也是全东北的解放。

83 素有"原始猎羊人"之称的鸽子洞人遗址在哪里?

喀左鸽子洞,在喀喇沁左翼蒙古族自治县瓦房村西南汤山峭壁上,是东北旧石器时代中期的洞穴遗址,是辽西丘陵上的原始之家。原来的洞穴下方濒临大凌河。现在,洞口已高出河床 35 米,洞口对岸为开阔的扇形台地,周围连山若屏,怪石突兀,呈现出比较典型的喀斯特地貌。鸽子洞是一个天然溶洞,主洞高大敞亮,洞内又分上洞、中洞、下洞。有趣的是,小洞无顶,而主洞的洞顶却高悬其上,似开天窗,洞内光线充足,既可遮风雨,又可散炊烟,真是原始人穴居的好地方。

84 你知道辽宁巨石文化遗迹吗?

在辽宁南部,特别是辽东半岛发现过很多用巨石支立铺盖而成的建筑物,当地群众多称为"大石棚"。在海城有两块巨石,一块在岗顶,一块在岗坡,相当于两处大石棚,当地群众分别把它们叫做"姑石"和"嫂石",而合称之为"姑嫂石"。至今当地还流传着姑嫂争相修石成仙的美丽传说。

《三国志·魏志》记载,东汉末年"襄平延里社生大石,长丈余,下有三小石为足。"并附注为"此汉宣帝冠石之祥"。所指的正是此类大石棚,因其形状好像帝王冠冕,故有"冠石"之称,距今至少有2 000年。襄平即今辽阳。由"延里社生大石",可推知大石棚原埋在土中,后来水土流失而逐渐露出。考古学家们多主张它是巨石器,但也有学者认为它是古代用于祭祀的建筑物。据推断,它主要属于青铜时代,距今3 000年前后,正当原始社会解体,进入奴隶社会之际。

㊵你知道最早会飞的鸟类和“中华龙鸟”吗？

1987年以来，在辽宁省西部地区发现了数以千计的中生代鸟类化石，据同产孢粉分析，距今大约13 500万年。其中最完整的两块先后被命名为“中国鸟”和“华夏鸟”，是已知的世界上最早会飞的鸟类。

1995年，在辽宁北票四合屯发现了一块侏罗纪晚期的鸟类化石，引起了世界的注目。1996年，中国地质博物馆将其命名为“中华龙鸟”。最初，“中华龙鸟”被归入鸟纲，属鸟类祖先，甚至动摇了德国始祖鸟的地位。近期世界生物界的研究表明，“中华龙鸟”代表着一类小型兽脚类恐龙，是美颌龙科的一个新成员。“中华龙鸟”将为地球科学和生命科学的研究提供重要的化石依据。

㊶驰名中外的辽阳壁画墓群在哪里？

辽阳古称襄平，是秦汉以来辽东郡的首府，辽阳壁画墓群，是东汉魏晋时期的重要文化遗存，属于辽东大族公孙的几个世袭人物的墓藏。目前共发现十多座，集中分布在市北郊的北园、棒台子、二道壕一带。其中颇负盛名的壁画墓，一是东汉晚期的北园墓，二是汉魏之际的大青堆子墓，三是魏晋之际的三道壕车骑塞。

壁画直接绘在墓内石壁上，有多壁相连的大作，也有单幅的小品。壁画内容丰富多样，色彩鲜艳，举凡车骑、仪仗、宴饮、乐舞、杂技、斗鸡、仓廪、庖厨，应有尽有，形象地反映了汉晋豪门大族的穷奢极侈的生活情景。这些一千六七百年的壁画，是古典现实主义的杰出作品。

㊇你知道辽西走廊的一座东方艺术宝库——万佛堂石窟吗?

北魏时期,由于长期战乱,佛教便深入一切阶层,开窟造像之风流行各地。遗存在今义县万佛堂的北魏石窟艺术造像,就是这种佛教雕刻艺术传到东北的一例。它与今日我国规模最大的大同云岗石窟造像群,属于同一系统,成为辽西走廊上的一座东方艺术宝库。

石窟分东西两区,现存大小16窟。西区石窟是北魏太和二十三年(公元499年)营州刺史元景为皇帝和自己眷属开凿的;东区石窟是稍后的景明三年(公元502年),员外散骑常侍昌黎韩贞等74人营造的私窟。这两区石窟历时1 400多年,虽风化严重,但能存于今,殊为可贵。

㊈你知道辽金的高空建筑——塔吗?

辽河流域有不下数十座历经风雨而依然屹立的古塔,它们几乎都属于辽金建筑,距今已有八九百年的历史。塔,作为一种高空建筑,还是城镇所在的一个坐标,是人世沧桑、乾坤翻覆的历史见证。它那巍然耸起、浮入云表的雄姿,体现出我们民族所创造、所特有的一种高空建筑美,千百年来,它吸引、撼动着人们的心。

梵语佛塔的音译为“浮屠”或“浮图”。所谓“救人一命,胜造七浮”便指的是七层或七级佛塔。遗存在辽河流域的大都是砖砌9～13层的密檐式塔。其中最高的塔是辽阳白塔;建筑年代较早的是朝阳的3座塔和云接谜塔;两塔并峙的有北镇双塔;能揭开舍利塔之谜的便是经发掘拆除的沈阳崇寿寺白塔。另外,锦西还有灵巧别致的石塔,或可算是金代的风水塔。

㊾你到过清福陵吗?

清福陵在辽宁省沈阳市东郊浑河北岸的天柱山上,故又称东陵,是清太祖努尔哈赤和孝慈皇后叶赫那拉氏的陵墓,总面积194 800平方米,是一组完整的陵寝建筑群。努尔哈赤是清王朝的创业君主,公元1583年开始统一女真族各部落,公元1616年正式称汗自立,创建后金政权,开始与明朝争夺中央政权,死于公元1626年,后安葬于福陵。

㊿你知道东北第一城——沈阳市的历史吗?

沈阳市位于东北南部、辽河平原的中央,浑河斜贯市区,京哈、沈丹、沈大、沈吉铁路于境内交汇,是辽宁省省会,为东北地区经济、交通、文化中心之一,东北最大的城市,市区人口400多万。

沈阳市是一座古城。据考古发现,早在7 200多年前的新石器时代,中华民族的祖先就已在沈阳地区创造了远古文明。战国时期,这里属于燕国的东辽郡。西汉时,沈阳已初具城邑规模,设侯城县。侯城是沈阳的第一个名字。唐代时,沈阳称为沈州。金、元战乱,沈州被毁。后重建城郭,因为城郭位于沈水(即现在的浑河)北面(我国通常把水南称阴,水北称阳。),故定名沈阳。明代改为沈阳中卫城。公元1621年,清太祖努尔哈赤建立大金(史称后金)政权,攻下明朝辽东重镇沈阳和辽阳,并迁都辽阳。4年后,努尔哈赤又迁都沈阳,并改名为盛京,盛京迅速发展成为东北的政治、经济、文化、军事的中心。努尔哈赤的子孙入关建立清王朝后,仍视盛京为龙飞圣地,极为重视,将其定为陪都,派重兵驻防。顺治十四年(公元1657年),又被改为奉天府。从康熙帝至道光帝,150余年间,11次东巡盛京,谒陵祭祖,并对城垣、故宫、陵寝多次修缮和扩建。

⑨①你知道我国最早的铜矿建于哪个朝代吗?

在东距查干木伦河4公里的林西县官地镇中兴村,有一座古铜矿的遗址——大井古铜矿遗址。1975年,这里出土了大量的文物,经测定,属商周时期,距今已有2 700年至2 900年的历史,是目前我国发现最早的具有大规模采矿、冶炼、铸造等全工序的铜矿遗址。面积约为2.5平方公里,地表面可见露天采矿坑道47条。从遗址中发掘的器物十分丰富,有石锤、石镐等采矿工具达1 500余件。大部分较为厚重,制做粗糙,均为天然石砾和石鞘。这些证实了早在3 000年前,我们的先民就劳动、生活在这里了,是他们用艰辛的劳动和高度的智慧,创造了我国古代商周青铜时期的灿烂文化,创造了辽河上游高度发达的青铜文化。

如今,这座湮灭了2 000多年的古代铜矿又焕发光彩,人们正在这里建设着一个新矿——大井银铜矿。该矿投产后,规模可达到日采选矿石300吨,每年可实现工业总产值1 300多万元,实现利润700多万元。

⑨②辽代的发祥地在哪里,你知道还有多少遗迹吗?

西拉木伦河和老哈河流域是辽代的发祥地,尚存不少辽代遗迹:①赤峰市林东的波罗城,是当时辽上京临潢府(即辽的首都);②老哈河上游的宁城县是当时的中京大定府,均有遗迹可寻;③西拉木伦河左岸百岔河口附近的双井乡,是辽饶州古城所在地,有残墙遗迹;④西伦木伦河左岸大支流查干木伦河,在距源头不远处,是辽庆州城遗迹,辽代的圣宗、兴宗和道宗三代皇陵均建于此,附近尚存庆州古塔一座,高54米;⑤查干木伦河中游有大板古城(现巴林右旗政府所在地),据传是契丹族的发祥地,当地建有左旗博物馆和康熙行宫;⑥西拉木伦河与老哈河会合点附近,有辽永州故城,目前仍有遗迹存在。

⑨③清康熙年间水师营旧址在哪里?

从旅顺市区出发,沿旅大北路北行4公里,便是水师营镇。清康熙年间设的水师营营地,就在这里。现在,这里是水师营乡政府所在地。

驻水师于旅顺口,远在隋唐两代就开始了。正式设水师于旅顺口,则始于明万历年间。万历三十年(公元1602年),为加强"登(州)津(天津)之咽喉、南卫之门户"旅顺口的海防力量,以控制东达朝鲜半岛、西联登津的辽阔海域,决定在旅顺口驻泊水军,修造战船。水师营占地为方圆2.5公里,在这里修建草房1 200间,供水师官兵使用。

⑨④万里长城东端的终点在哪里?

万里长城,千古丰碑,历尽沧桑。当游人们登上八达岭,放眼观赏气势磅礴的北国风光,是否想到这被誉为世界一大奇迹的长城,已经是明代重新修建的了。或许会有人以为它西起嘉峪关,东端则只修到山海关的老龙头,其实不然,而是曾一度延伸到辽宁境内,其终点在鸭绿江北岸的江沿台堡。这一段明代长城被称为辽东长城或辽东边墙。

遗存于今辽宁境内的明代长城,有两道线:第一道是南北纵穿辽宁与河北交界之燕山余脉的长城线,当时属蓟镇长城;第二道是东西横贯辽宁全境直迄鸭绿江的长城线,当时属江东镇长城。

95为什么说历史上的乌兰布统之战是关系到中国统一与否的战争?

公元1690年(康熙二十九年)秋,在西拉木伦河的第一条支流萨岭河左源西岸的草原上,曾发生过一次大战,史称乌兰布统之战。

清康熙年间,中国北方和西北方有蒙古族的三大部落:内蒙古、外蒙古及厄鲁特蒙古部。厄鲁特蒙古部又分为准噶尔、和硕特、杜尔伯特和土尔扈特四部,其中厄鲁特蒙古部中的准噶尔部最为强盛。这三大蒙古部都与清朝政府有着臣附关系。公元1671年(康熙十年),噶尔丹自立为准噶尔汗,并先后吞并了厄鲁特蒙古其他三部及外蒙古。为了达到吞并内蒙古的目的,噶尔丹非常希望得到沙俄的支持,于公元1690年派特使,见沙俄伊尔库次总督,要求率军"驰赴约定之地会合,以便并肩作战",并否定《尼布楚条约》,许愿割让雅克萨一带中国领土给沙俄。当噶尔丹大军南下时,康熙亲统大军北上,在乌兰布统峰下将噶尔丹打败。

我国历史上各民族与本民族间有许多内部争战,其战争正义与否,不可一言以蔽之。但是,引外敌为援、以出买土地为代价,则超出"兄弟阋墙"范围,因此说乌兰布统之战是关系到中国统一与否的战争。

96饶州古城今何在?

历史上唐代至辽代,在西拉木伦河上游北岸的山谷中,建有一座繁华的古城。此城规模宏大,布局严谨,依山傍水,地势险要,这就是辽代重要州城之一——饶州府(林西县城西南60公里处)。古城的残墙约2米高,皆为土夯筑。南墙正中有60平方米左右的建筑台基,可能为南门,东西二门址比较明显。饶州城分东西二城,均呈长方形,东城略小于西城,西城东西长1 400米,南北宽700米。城内建筑遗迹较多,遗物丰富。城址附近曾出土过石制经幢,阴刻铭文:“……大安七年闰八月十日……饶州安民县簿□县尉太……”字样,据此断定该城为辽代饶州城遗址。

⑨⑦上窑——古人类的故居在哪里?

坐落在西拉木伦河南岸的翁牛旗四道杖房乡的上窑,是一鲜为人知的仅有十几户人家的偏僻小村,然而,自从1975年开始,它却名声大振。原来,在上窑的老虎洞山上的天然洞穴中,发现了一处旧石器时代古人类穴居遗址。老虎洞海拔1 700～1 800米,洞内有泉水渗出,可积成小潭。洞口西北侧,有一条窄而陡的小道,距洞口几十米的山坡上,突兀耸起一座10余米高的峭石。石洞周围星罗棋布地生长着山榆、山杏等树木,把这个古人类曾活动过的山川点缀得神秘而又富有生气。1975年,我国著名古人类学家贾兰坡教授到此进行实地考察,并对曾在洞内及洞口附近采集到的3件打制原始石器进行了鉴定,确认为一件是大型砍砸器,两件是刮削器,皆为旧石器时代遗物,距今7 000～10 000年。同时,贾兰坡教授还鉴定了一件经过火烧的肿骨鹿化石标本。

⑨⑧你知道查干木伦河流域有一座康熙的行宫吗?

在查干木伦河边的大板镇古旗政府院内,有一座著名的康熙行宫。公元1691年,康熙次女和硕荣宪公主下嫁给曾在乌兰布统大战中立下大功的第一代巴林王色布腾的孙子乌尔兖。康熙自公元1701年(康熙四十年)先后4次不远千里巡视巴林古旗。据史料记载,此是为了“备边防,合内外之心,成巩固之业”。康熙多次巡视巴林古旗，主要是处于军事和政治目的，但也不能排除想念女儿的人之常情。康熙行宫就是荣宪公主为了便于皇帝巡视而筹建的。行宫竣工于康熙五十年(公元1711年)，正殿5间，东西耳室各为2间，东西配厢各3间，东西山室各3间，廊柱上雕绘着金龙、花卉、云水图案。正殿门额上悬“议政厅殿”棕漆金匾。整个殿室呈四合院体，结构对称，气宇轩昂。康熙行宫，作为大清皇帝权威的象征，曾经对企图分裂国家的不轨之徒产生过极大的震慑作用。在它周围，边疆各族人民紧密团结，粉碎了国内外敌人的颠覆和侵略，捍卫了祖国的统一。

社会经济篇

❶松花江流域的经济发展可追溯到哪个时代？

松花江流域的经济发展，可追溯到战国时代，即公元前3世纪。当时东北地区南部辽阳至独石口一带已经开发，并设立郡治，部分山东、河北的居民已经向此移民。而东部长白山区及其以北的松花江流域广大地区，尚为肃慎部落的游猎地区，辽河及第二松花江上游是东胡及扶余等部族的活动场所，经济发展尚停留在渔猎与畜牧的阶段。

❷你知道松花江流域的人口情况吗？

松花江流域总人口约为8 500万人，其中城镇人口3 500万人，占总人口的40%，人口密度为97人每平方公里。

❸松花江流域工农业总产值、国民生产总值是多少？

1997年，松花江流域工农业总产值约为4 000亿元，其中，工业总产值约2 900亿元，农业总产值约1 100亿元，国民生产总值约2 530亿元，约占全国国民生产总值的3.88%。

❹松花江流域现有耕地面积和粮食产量各多少？

1997年底松花江流域耕地面积约为1 170万公顷，约占东北地区耕地面积的60%，其中水田130万公顷，旱田1 040万公顷，粮食产量约为4 300万吨。主要粮食作物品种有水稻、玉米、大豆、小麦、高粱、谷子等。

❺松花江流域总土地面积有多少？

松花江流域总土地面积为 5 591.37 万公顷，其中嫩江流域为 3 003.62 万公顷，占松花江流域总土地面积的 53.7%；第二松花江流域为 734.16 万公顷，占 13.1%；松花江干流为 1 853.59 万公顷，占 33.2%。

❻松花江流域耕地灌溉情况如何？

松花江流域现有灌溉面积约 212 万公顷，有效灌溉面积约 210 万公顷，有效实际灌溉面积 164 万公顷，旱涝保收面积 115 万公顷。

❼你知道 1998 年松花江流域洪水造成的具体损失是多少吗？

1998 年松花江流域遭受了严重的洪涝灾害，受灾县市 88 个，受灾人口 1 733.06 万人，进水城镇 70 个，倒塌房屋 91.85 万间，死亡 46 人，农作物受灾面积 494.48 万公顷，减产粮食 1 151.50 万吨，死亡牲畜 137.56 万头，造成 3 742 个工矿企业全停产，铁路中断 32 条次，毁坏铁路 61.51 公里、公路 8 601.2 公里。毁坏大中型水库 20 座、小一型水库 54 座、小二型水库 50 座，中型水库垮坝 1 座，小一型水库垮坝 4 座，小二型水库垮坝 17 座。堤防决口 993 处，总长度 454.4 公里。造成直接经济损失 480.23 亿元，占东北地区直接经济总损失的 86.61%。

❽你知道长白山有哪些生物资源吗?

长白山有世界生物资源宝库之称。长白山区野生植物资源1 500多种,保护区动物有6目17科51种,有人参、天麻、灵芝、黑木耳、蘑菇、松子、山野菜等山珍及经济价值很高的梅花鹿、东北虎、紫貂和田鸡等。长白山是“东北三宝”的故乡。

❾我国第一个化工基地在什么地方?

我国第一个化工基地——吉林化工集团,位于吉林市区松花江北岸,于1954年动工兴建,1957年正式投产,到1996年末已累计实现利税150多亿元。目前,其生产的十几个系列800多种产品,远销世界30多个国家和地区。吉林化工集团公司每年向国家上缴税金40亿元,占全省上缴税金的50%。

❿我国自行研制的民用运输飞机首次出口是什么时间?

1987年12月11日,我国自行研制的2架民用运输八型飞机首次出口,是由松花江畔哈尔滨飞机制造公司生产的。至今“运十二型”飞机已销往亚洲、非洲、大洋洲、南美洲的18个国家和地区。

⓫我国第一个水禽综合自然保护区在什么地方?

1979年10月,松花江流域内的黑龙江省齐齐哈尔市南部一片4万多公顷的芦苇沼泽地带,被确定为我国第一个水禽综合自然保护区。在这个保护区里,有丹顶鹤、白鹤、灰鹤、白头鹤、天鹅、鸳鸯等珍贵禽类和鸣雁、白鹭等经济水禽。

⑫松花江流域有纳入国际自然保护区网络的自然保护区吗?

截至1996年底,我国纳入国际自然保护区网络的自然保护区有12个。其中,长白山自然保护区在松花江流域内。

⑬我国最大的樟子松林区在什么地方?

20世纪90年代初期,经我国广大林业职工40余年的艰苦创业,在松花江流域内的大兴安岭西侧,呼伦贝尔草原南端,建成面积达120万公顷的樟子松林区,其中,面积为12.7万公顷的樟子松林带是目前世界上最大的樟子松林带之一。

"高峰苍茫低岭翠,母林幽幽幼林媚"正是对该林区的形象描述,人们说该林区是一颗绿色宝石镶嵌在绵延万里的"三北"防护林带上,它为保护环境,维持生态平衡起到了重要作用。

⑭我国首条国际陆地光缆是什么时间开通的?

1997年1月28日,我国松花江畔的哈尔滨市和俄罗斯远东城市哈巴罗夫斯克陆地光缆开通,这标志着我国第一条国际陆地光缆正式开通。这条光缆全长970公里,其中,中国境内820公里。它通过各自国内的通信系统连接到北京和莫斯科,构成国际光缆的一部分。这条光缆的开通,促进了两国政治、经济、文化的交流及两国人民之间的友好往来,并极大地改善和促进了中俄之间的国际通信业务。

⑮你对松花江流域矿产资源了解多少?

松花江流域的矿产资源比较丰富,其采矿业的历史也较久远。据史书记载,黑龙江省黄金开采始于北魏年间。新中国成立前,松花江流域开采过的矿产有20余种。新中国成立后,我国对松花江流域矿产资源进行了多次调查和勘探,在已探明储量的矿产中,有能源矿产、黑色金属矿产、有色金属及贵金属矿产、化工原料矿产、建材原料及其他非金属矿产达60余种。其中,石油、煤炭、黄金、石墨、钼、镍、耐火黏土等最为著名,储量已居全国前列;铜、铅、锌、钨等在全国也居重要地位。

⑯松花江流域有哪些著名旅游胜地?

松花江流域著名旅游胜地有:长白山天池、吉林雾凇、吉林市松花湖、长春市净月潭、哈尔滨太阳岛、镜泊湖、五大连池、哈尔滨冰灯、黑龙江亚布力滑雪场、长春北大湖滑雪场等。特别是黑龙江省夏季凉爽,众多的江河湖泊和浩瀚的林区是避暑的好去处。还有世界第二大高山堰塞湖——镜泊湖,有世界三大冷泉之一——五大连池,有中俄界湖——兴凯湖。

⑰何为“关东三宝”?

闻名遐迩的“关东三宝”指的是人参、貂皮、鹿茸(角)。这三宝都是松花江林区“绿色宝库”中的特产。人参为“百草之王”,中药之首;貂皮被誉称为“软黄金”,是珍贵的高级细毛皮;鹿茸是鹿脱角后长出的还没有骨化的新角,因其药用价值被称为鹿之宝中之宝。

⑱东北地区冰雪旅游项目有哪些？

东北地区冰雪旅游项目主要包括冰雕雪塑、冬泳、山村雪景观赏、滑雪、雪上游乐、冰上娱乐等，其中，亚不力滑雪场是我国第一个符合国际标准的大型旅游滑雪场。

⑲我国最大的平原在哪里，面积有多大？

松辽平原是我国最大的平原，又称东北大平原，东西宽400多公里，南北长达1 000公里以上，平原面积共为30多万平方公里，占东北地区面积的2/5左右，是我国重要的商品粮生产基地。松辽平原主要包括北部的松嫩平原、南部的下辽河平原和中部松辽分水岭的北西部地带。

⑳为什么说松花江流域森林资源在全国有着举足轻重的作用？

松花江流域有林地面积4 760万公顷，木材蓄积量30亿立方米，约占全国总蓄积量的63%。流域内森林资源丰富，木材品种齐全，林质优良，分布集中，主要分布在长白山、大兴安岭、小兴安岭、完达山、张广才岭等地区，是我国最大的林区和木材基地。国内外少有的珍贵树种有红松、白松、水曲柳、黄菠萝、胡桃楸等。其中，大兴安岭北部山区是面积较大的原始森林区，木材蓄积量达4.2亿立方米，占全国木材总量的8.8%，居全国第二位。

㉑你能说出松花江流域草原的分布情况吗？

松花江流域草原主要分布在大兴安岭南北两侧的呼伦贝尔

盟、兴安盟、吉林和黑龙江两省西部,以及三江平原。松嫩平原上的科尔沁大草原面积约 240 万公顷,是目前欧亚大陆保存较好的三大优良草原之一,以盛产羊草而驰名中外。

㉒你知道松花江流域煤炭储量吗?

松花江流域煤炭储量可达 300 亿～400 亿吨,其储量、产量、出口量均在全国占有重要位置,是国家重点产煤区之一,70%以上炼焦用煤资源集中在黑龙江省。

㉓我国首次大批量出口轿车是什么时间,哪里生产的?

1995 年 2 月 9 日,中国第一汽车集团公司生产的奥迪(300 辆)和捷达(100 辆)轿车由大连口岸运往国外。这是我国首次大批量出口轿车。它标志着一汽轿车已进入国际市场,揭开了我国轿车工业发展史上的重要一页。

㉔你知道我国第一大油田为什么叫"大庆"油田吗?

大庆油田不仅是我国最大油田,也是世界上少有的大油田之一。1959 年 9 月 26 日大庆油田的松基三井喷油,1960 年 10 月正式投产, 时值新中国成立十周年国庆佳节,于是取名为"大庆"。大庆油田由七个油田组成,40 年来,共打油井 2.6 万口,水井 1.3 万口,累计生产原油 15.16 亿吨,占全国同期陆上石油总产量的 47%。大庆油田原油产量 1976 年达到 5 000 万吨,此后连续 23 年稳产高产。大庆累计向国家上缴税费 2 131 亿元,相当于国家投资的 44 倍。在保证稳产、高产前提下,大庆油田还可开采 20 年。

㉕不同历史时期大庆油田的代表人物是谁?

20世纪50年代的代表人物是铁人王进喜。他的名言是:宁可少活20年,拼命也要拿下大油田。

90年代的代表人物是王启民。他的名言是:宁可把心血熬干,也要让油田稳产高产。

㉖我国三代领导人是怎样评价大庆油田的?

毛泽东同志号召:工业学大庆。

邓小平同志提出:把大庆油田建设成美丽的油田。

江泽民同志视察大庆并题词:发扬大庆精神,搞好二次创业。

㉗ 松花江流域药用植物资源大约有多少种?

据《长白山植物药志》记载,药用植物有900多种,主要集中在长白山、大兴安岭、小兴安岭、张广才岭、老爷岭、松嫩平原。被公认的名贵药材有20余种,其中人参、黄芪、平贝母、细辛、五味子、木通等名贵药品畅销海内外。被列为国家级保护资源的药材有人参、五味子、党参、刺五加、满山红、黄柏、平贝、细辛、黄芪等共16种,这些药材的产量和质量都居全国首位。

㉘ 松花江流域最初的铁路修建于哪一年?

1903年,松花江流域修建了第一条铁路——中东铁路。这条铁路以哈尔滨为中心,西至满洲里,东至绥芬河,南至大连、旅顺口,全长2 500公里。

㉙ 你知道21世纪松花江流域人均综合需水量吗？

根据《松花江流域规划》预测，2010年，松花江流域人均需水量667立方米每人，总需水量421.85亿立方米；2030年，松花江流域人均需水量800立方米每人，总需水量564亿立方米；2050年，松花江流域人均需水量900立方米每人，总需水量656亿立方米。

㉚ 长春第一汽车制造厂是何时建成投产的？

毛泽东主席亲自命名和奠基的长春第一汽车制造厂于1953年破土动工，1956年建成投产，从此结束了我国不能生产汽车的历史。长春第一汽车制造厂，现名为中国第一汽车集团公司。自1956年生产出我国第一辆解放牌载重汽车以来，到1996年末已累计生产各种汽车269万辆，实现利税187.6亿元。

㉛你听说过“人参之乡”和“山参之王”吗？

在吉林省南部的长白山腹地，有一座著名的山城——抚松县，森林覆盖率达80%，盛产山参和园参，当地人民“放山”采挖野山参的历史已逾千年，栽培人参也有300余年的历史，被称为“人参之乡”。这里有世界最大的人参种植园，这里的人参产量和出口量多年为全国之冠。

1981年，在抚松县北岗发掘出一颗重9.2两(285克)的山参，古云“七两为参，八两为宝”，此参可谓“山参之王”，现存放在北京人民大会堂。

㉜ 辽河流域包括哪些省份，有多少个市、县，总人口是多少？

辽河流域行政区划跨辽宁省、吉林省、内蒙古自治区、河北省，有16个市(地、盟)、62个县(旗、区)。截至1997年底止，辽河流域总人口3 328万人，其中，城镇人口1 365万人，占总人口的41%，人口密度151人每平方公里。

㉝辽河流域现有耕地面积多少，灌溉情况和粮食产量如何？

辽河流域耕地面积约为490万公顷，占东北地区耕地面积的24%。其中，水田64.3万公顷，旱田420万公顷。现有灌溉面积180万公顷，有效灌溉面积170万公顷，实际有效灌溉面积140万公顷，旱涝保收面积120万公顷。目前粮食年产量约为2 300万吨。

㉞ 东北地区主要的水果有哪些，主要产地在哪里？

红元帅、国光苹果，主要产于大连地区和辽西地区。

苹果梨，主要产于延边朝鲜族自治州一带。

优质南国梨，主要产于辽宁海城。

水蜜桃，主要产于山海关地区。

东北西瓜，优良品种主要产于三江平原垦区及齐齐哈尔和白城地区。

东北香瓜，尤以吉林白城地区为佳品。

㉟辽河流域工农业总产值、国民生产总值是多少？

1997年，辽河流域工农业总产值3 809亿元。其中，工业总产值3 228亿元，农业总产值581亿元，国民生产总值2 256亿元，占全国国民生产总值的3.46%。

㊱1995年辽河流域洪涝灾害具体损失多少？

1995年辽河流域受灾人口613万人，死亡106人，损坏房屋119.3万间，受灾农田98.3万公顷，造成直接经济损失316.37亿元。

㊲你知道目前我国标准最高、功能最齐全的高速公路吗？

沈(阳)山(海关)高速公路从辽宁的锦州到山海关全长360公里，设计6车道，是目前我国高速公路等级最高、功能最齐全的高速公路。它被称为连接关内关外的经济大动脉。

㊳"神州第一路"是指哪一条路？

"神州第一路"是指沈(阳)大(连)高速公路。沈大高速公路始建于1984年6月，于1990年8月正式通车，是我国大陆兴建最早的一条高速公路，也是我国目前最长的高速公路。它全长375公里，路基宽26米，分上下行4车道，中间有3米分隔带，全线封闭，为汽车专用公路，设计时速为100～120公里，日通过能力为5万辆次。这条公路的建成，标志着我国公路建设进入了一个崭新的阶段。

㊴我国第一个村村通柏油路的县是哪个?

位于辽河平原辽宁省的台安县,因土路土质黏性大,一遇雨天便无法通行。从1985年起,在"要想富,先修路"的思想指导下,动员全县力量组成筑路大军,采取以群众集资为主、国有拨款为辅的方法,共集资2 001万元,四季不停工,经过5年多的奋斗,终于实现了村村通柏油路的愿望,台安县也因而成为全国第一个村村通柏油路的县。

㊵新中国的第一项重点工业建设项目是什么?

新中国的第一项重点工业建设项目,是鞍钢的"三大工程",即鞍钢无缝钢管厂大型轧钢厂、炼铁厂、7号高炉工程。这三大工程于1953年相继投入生产。至1997年,鞍山钢铁(集团)公司已具有年生产生铁900万吨、钢860万吨、钢材680万吨的综合生产能力,能够生产700多个品种,25 000多个规格的钢材产品,是松辽流域内最大的钢铁厂。

㊶辽河油田是我国的第几大油田?

辽河油田是目前我国第三大油田,主要分布在辽河中、下游,地跨辽宁省和内蒙古自治区的13个地市、35个县旗。预测资源量48.5亿吨,至1997年末已探明石油地质储量19.2亿吨,探明天然气地质储量668.7亿立方米。辽河油田目前原油年生产能力为1 500万吨,天然气生产能力17亿立方米。

㊷我国第一座现代化大型露天煤矿在哪里？

我国第一座现代化大型露天煤矿是辽宁省阜新市的海州露天煤矿，于1953年7月正式投产，设计年产煤300万吨，核定能力420万吨，是我国第一个五年计划时期156个重点工程项目之一。

㊸"中国歼击机的摇篮"是指哪里？

我国第一架喷气式歼击机是由沈阳飞机制造公司生产的。1956年7月19日，中国人盼望已久的自己制造的歼击机试飞成功，并参加了当年的国庆大典，从而使中国跻身于世界少数能制造喷气式飞机国家的行列。沈阳飞机制造公司因此被誉为"中国歼击机的摇篮"。

㊹我国第一个开放的城市集贸市场叫什么名字，在哪里？

我国第一个开放的城市集贸市场是"北行集贸市场"，于1979年1月10日在辽河流域的沈阳市皇姑区北行正式营业。1980年国家工商总局在这个市场召开了现场会，肯定了城市开放集贸市场的意义和作用。从此，集市贸易在我国城市得到了迅速的发展，到1998年底，已发展到1.3万个。

㊺我国第一个海珍品自然保护区在哪里？

1986年10月，我国第一个海珍品自然保护区——辽宁省长海县核大坨子海珍品自然保护区正式建立。这个保护区地处辽东半岛东面的黄海中，保护区面积暂定0.5平方公里，保护的海品有名贵的刺参、皱纹盘鲍、栉孔扇贝等。它的建立，将对保护和合理开发、利用海珍品资源起到重要作用。

㊻我国的“超级稻”是哪里培养出来的？

据1998年3月16日《人民日报》报道，由沈阳农业大学博士生导师陈温福教授领导的攻关小组，在水稻超高产育种研究项目上取得重大突破，“沈农265”、“沈农127”等相继问世，“沈农89366”成为国际水稻研究所选育的9个“超级稻”新品系列的核心。“沈农265”最高平均公顷产达10 996.5公斤，被称为“中国超级稻”。这一成果标志着我国在水稻育种这个新的前沿领域居世界领先水平。

㊼你了解辽宁省水利经济发展状况吗？

1995年，辽宁省水利经济总收入26.5亿元，利润2.56亿元；1997年实现总收入56.5亿元，利润5.27亿元。到1997年底，全省75个县(市、区)中，经营收入超过亿元的已达16个，经营范围涉及农牧渔、工商、运输、建筑、服务、旅游等行业，从业人员6万，共有水利企业1 419家。

㊽你了解辽宁省电气化县建设情况吗？

改革开放以来，辽宁省先后完成了桓仁、本溪、清原三个电气化县建设。“九五”期间，以凤城、宽甸、新宾、凌原、铁岭5个县(市)农村水电初级电气化建设为重点，计划新建、扩建电站14座，新增装机3.15万千瓦，年增发电量1.2亿千瓦时。到2010年，辽宁省地方水电装机将达到25.17万千瓦，年设计发电量达到7.35

亿千瓦时。

㊾辽宁省七大水库联合调度取得了多大的效益？

辽宁省水利厅直属的大伙房、清河、汤河、参窝、观音阁、柴河、闹德海7座大型水库，分别位于辽河、浑河、太子河流域，总库容77.4亿立方米，防洪库容39.5亿立方米，兴利库容45.1亿立方米。七大水库联合调度，年平均为农业供水22亿立方米，为工业和城市供水8亿立方米。每年收取水费1.8亿元、电费3 922万元，渔业收入2 500万元，上缴利税9 000万元。

1995年，辽河流域发生特大洪涝灾害，大伙房、清河、柴河、观音阁水库发挥巨大减灾效益，共实现减灾效益164亿元。1997年发生特大旱灾，辽宁省水利厅直属的七大水库较常年多供水7.5亿立方米，有效地保证了辽宁中部地区工业生产和城市人民生活的正常运行，为辽、浑、太流域内32万公顷水田丰收提供了保障。

㊿你对东北地区重点高等院校了解多少？

根据国家教育部1998年公布的资料，松辽流域现有本科高等院校辽宁省36所，吉林省25所，黑龙江省20所，共81所。其中，较著名的重点学府有以下几所。

东北大学，位于沈阳市，1923年创建，1960年成立东北工学院，1993年更名为东北大学。校本部设7个学院、28个研究所，有23个学科有权授予博士学位。

大连理工大学，位于大连市，1949年创建，原名大连工学院，1988年改名为大连理工大学。全校设9个学院，拥有23个博士学位授权学科。

吉林大学，位于长春市，1946年创建，前身为哈尔滨大学和东北行政学院，1950年更名为东北人民大学，1958年改为吉林大学。全校设5个学院、28个研究所，有23个学科有权授予博士学位。

哈尔滨工业大学，位于哈尔滨市，学校设14个学部，60个学科，是一所以工为主，理、工、管、文相结合的国家重点大学。

51 你知道辽河流域第一项跨流域调水工程吗？

为缓解沈阳市工业及城市生活供水紧张局面，1992年兴建了富尔江引水工程，每年向沈阳市供水8 000万立方米，大大缓解了城市缺水状况。

52 你知道21世纪辽河流域人均综合需水量吗？

根据《修订辽河流域规划》，2010年，辽河流域人均需水量674立方米，总需水量246.81亿立方米；2030年，辽河流域人均需水量750立方米，总需水量304亿立方米；2050年，辽河流域人均需水量800立方米，总需水量334亿立方米。

53 我国第一个经济技术开发区在哪里？

1984年8月中旬，当时国务院的3位副总理——万里、李鹏和谷牧来到松辽流域沿海城市大连市考察。9月下旬，国务院常务会议正式批准大连市建设经济技术开发区。10月15日，长岭山一声开山炮响，宣告神州第一开发区——大连开发区正式诞生。10年后，大连开发区的开发面积、外商投资总额、协议外资额、实际利用外资额、固定资产投入、社会总产值、进出口总额和三资企业出口额8大经济指标列全国各开发区前列，不愧为神州第一开发区。

㊹你知道东北地区商品粮基地每年向国家交售商品粮情况吗？

东北地区商品粮基地主要有：黑龙江省的三江平原、松嫩平原，以及吉林中部灌区、辽宁中下游的浑河、浑蒲、盘锦灌区、内蒙古西辽河灌区。20世纪90年代，东北地区每年可向国家提供商品粮250亿公斤，占全国商品粮总数的1/3，全流域年粮食总产在800亿公斤左右。

㊺全国14个边境开放城市中，松辽流域有哪些？

在我国14个边境开放城市中，松辽流域有大连、满洲里、丹东、珲春、绥芬河、黑河等6个城市。

㊻我国规模最大的滑雪场在哪里？

亚布力滑雪场位于距黑龙江省哈尔滨市240公里的尚志市亚布力镇，滑雪场始建于1980年，总面积为23平方公里，是目前我国规模最大、设备最齐全的滑雪场。滑雪场群山环抱，景色壮观，由自由滑雪场、野滑雪场、跳台滑雪场等组成。高山滑雪道海拔1 374.8米，积雪深1米以上，滑雪道平均坡度20°，山形起伏，滑度极佳。为迎接冬亚会，1996年对原有雪场进行了改建、扩建和维修，并修建了公路，使之成为面目一新、设备完整、环境优美、具有国际水平的现代化滑雪场。

㊼你品尝过松花江"三花"吗?

松花江流域水面辽阔,江河沟渠、湖泊池塘、沼泽苇塘、水库塘坝星罗棋布,水产资源十分丰富。在肥沃的水域中,栖息着温水性和冷水性鱼类达100余种。脍炙人口的松花江"三花"指的是鳌花、鳊花、鲒花。鳌花与黄河鲤鱼、松花四鳃、鲈鱼,被誉为我国"四大淡水名鱼"。

㊽你知道东北地区几个国际性的大型经贸、旅游活动吗?

改革开放以来,东北地区国际性的大型经贸、旅游活动日益增多。目前影响较大的有:大连国际服装节,长春国际电影节,哈尔滨国际冰雪节等。

㊾"响水玉瀑"在哪里,因何而得名?

"响水玉瀑"位于老哈河响水河段。此瀑布得名于"响"字,其响声之大,可传到5公里之外,为世间罕有。

老哈河为西辽河的正源,从海拔350米左右的敖汉处,逐渐向松辽平原过渡,最大年径流量可达25.68亿立方米,至响水河段,河水自高而下,落差达12.14米。河水至龙门又突然下跌,溅入约10米深的瓮状石井中,旋即呼啸而起,响声如雷。腾起的水流遂入二道井,再腾跃180多米,泻入三道井。如此三跳,珠飞玉扬,水声大哗,甚为壮观。清乾隆帝曾题诗叹到:"如闻雷声殷前川,又倾栲栳投深涧。"清高宗记诗曰:"我闻奥区天所秘,疑信响半今信然,浩浩万里沙漠震,乃有瀑水崇岗悬,东登方若纷揭盖,开豁壶里别有天。"响水瀑布自此闻名遐迩,远震京华。

松花江 辽河300问

治理开发篇

❶松辽水利委员会成立后,最先完成的是哪三大项规划?

水利部松辽水利委员会1982年经国务院批准成立后,按照水电部的指示和文件,最先进行的三大规划项目是:修订辽河流域规划、松花江流域规划和松花江、辽河流域水资源综合开发利用规划。

❷松花江流域规划的主要内容是什么?

松花江流域规划是在1980年水平的基础上,参照1988年国民经济情况,对不同发展水平的经济与社会发展进行预测,据此编制出以防洪除涝、水资源利用、水资源保护和航运为主要内容,以2000年、2010年为主要规划水平年,同时统筹松辽流域水资源综合开发利用的流域规划。对2030年水资源供需分析进行了设想与研究。其基本内容是:

(1)提出嫩江、二松和松干河道防洪工程体系,完善工程措施,提高防洪标准。对哈尔滨、长春、齐齐哈尔、吉林、大庆、佳木斯和牡丹江等7座城市的防洪方案和遇超标准洪水时的临时应急措施提出意见。

(2)预测不同水平年国民经济各业需水要求,提出流域水资源开发利用方案。在此基础上,结合"引松济辽"提出松花江向辽河调水的可能与合理的方案。

(3)调查嫩江、二松和松干等主要河道的污染状况及主要污染源,对水质进行评价。预测不同水平年城市生活和工业污水的排放量,提出污水的综合防治方案及水资源保护对策。

(4)按航运现状预测年客、货运量,提出以松干为重点的,包括嫩江、二松在内的松花江水系航运规划。

(5)规划中同时完成灌溉治涝、水力发电、水土保持和城市供水等专业规划。

❸松花江、辽河流域水资源综合开发利用规划的主要内容是什么？

松花江、辽河流域水资源综合开发利用规划，是根据到20世纪末东北四省（区）工农业总产值发展的要求，预测2000年、2010年国民经济发展及其用水水平，并对2030年进行展望；在综合开发利用本流域水资源的基础上，对松辽两流域水资源的综合开发利用进行统筹规划。其主要内容是：

（1）进行两流域水资源综合开发利用的统筹规划，在调查水资源及其利用现状的基础上，研究提高用水的综合效益与逐步发展节水型工农业的途径；研究增加新的水源工程，进行不同水平年需水与供水的平衡分析，提出解决缺水的主要途径与措施，并就跨流域引水的必要性、迫切性及工程可能性与经济合理性进行论证。

（2）进行引松济辽跨流域引水的北水南调工程规划。

（3）结合北水南调研究松干的通航流量和工程方案，以及与北水南调渠道通航的衔接问题。

（4）水资源保护规划。分河段进行水质评价，预测不同水平年城市生活及工业污水排放量，提出治污方案及水源保护对策。

（5）分析工程效益及环境影响评价。

（6）提出水利管理意见。

❹松花江、辽河流域北水南调包括哪几项工程？

松花江、辽河流域水资源综合开发利用规划提出的“北水南调”包括下列工程：

(1)水源工程:规划中拟建尼尔基、哈达山和文得根3座水库。

(2)调水工程:包括大赉抽水站、哈达山引水渠道、输水线路工程和调蓄水库(输水线路两侧的花敖泡、道字泡和三王泡以及辽河干流上的石佛寺水库)工程。

❺松花江流域内历史上最早修建的是哪一处堤防工程?

辽代道宗大康年间(公元1075～1084年)修筑的春、泰河堤防,是松花江流域内最早修建的堤防工程。春州即现今的吉林省大安市,故"春"应为嫩江下游右岸堤防。泰州是吉林省洮南四家子古城,故"泰"应是洮儿河下游堤防。

❻松花江流域最早建立的水文站是哪个?

公元1898年(清光绪二十四年),东清铁路局(后改称中东铁路局)于松花江干流哈尔滨滨洲线铁路桥断面建水文测站,开始水位与气象观测,是松花江流域内最早的水文测站,也是东北地区最早的水文测站。

❼哈尔滨市的江堤是什么时候开始修建的?

公元1898年(清光绪二十四年),帝俄在修建东清铁路(后改称中东铁路)时,修建哈尔滨"埠头区"堤防,即今哈尔滨道里区堤防,当时堤防全长4 200米。1911年(清宣统三年)开始修道外区堤防,由北头道街至十八道街以东,堤长3 570米。

目前,哈尔滨市防洪堤包括顾乡、道里、道外、港务局、河口横堤、东大坝、阿什河、化工、平原、马家沟、第一水源地和第二水源地共12个堤段,全长42.8公里,可防御70年一遇以上的洪水。

❽何谓“三肇大堤”?

“三肇”堤防,通称“三肇大堤”。三肇系指黑龙江省的肇源、肇州和肇东三县。三肇大堤位于松花江干流左岸上段,西与嫩江与松花江干流汇流处的堤防相接,经肇源县和肇东县,下游与哈尔滨市道外区堤防联接,全长215.76公里。堤防保护范围3 000平方公里,保护区内有“三肇”和哈尔滨市道外区、大庆油田、“八三”输油管路、滨洲、通让铁路等农业、石油工业区及交通干线,堤防防洪任务很重,故称“三肇大堤”。

❾第二松花江干流堤防有多长,其防洪效益如何?

第二松花江干流堤防自吉林市到下游嫩江口三岔河止,长462公里,其中,左岸堤长255公里,右岸堤长207公里。保护吉林市及其以下吉林省永吉、九台、德惠、农安、前郭旗、舒兰、榆树和扶余等沿江1市8县共41.2万人口及6万~7万公顷耕地。与上游丰满水库放流相配合,基本可防御5 000立方米每秒洪水。

❿松花江干流堤防有多长,其防洪效益如何?

松花江干流以上,除第二松花江上游已建成的白山水电站和丰满水电站可以调蓄第二松花江洪水外,嫩江上游尚无控制性水库工程。松花江干流防洪主要依靠堤防。目前松花江干流两岸共有堤防长1 327.6公里,扣除哈尔滨右岸城市防洪堤42.8公里,以及佳木斯市城市防洪堤26.8公里外,其余均为农田防洪堤防,总长1 258公里。其中,左岸堤长700公里,右岸堤长558公里,保护农田近42万公顷、城镇1 463座、人口140万人,同时还保护滨洲、滨北、京哈、滨绥、绥佳、佳牡等铁路线和7个国营农场。

⑪嫩江干流堤防有多长,其防洪效益如何?

嫩江干流两岸堤防总长586公里。其中,左岸自嫩江镇以下,至嫩江口,共有24个自然堤段,长373公里,均在黑龙江省境内;右岸堤防分属黑龙江省、内蒙古自治区和吉林省,共有21个自然堤段,长213公里。

嫩江干流江堤的特点是:江道两岸多低山丘陵,且支流较多,堤防形成众多互不连续的堤段,长的数十公里,短的仅几公里。堤防总的保护对象是松嫩平原西南部的大片土地,但各堤段保护区不集中,保护农田面积约22.3万公顷、人口近50万人以及滨洲、平齐、齐北等铁路线和大庆油田等。

⑫松花江流域已建成大、中、小型水库有多少座,库容有多少?

松花江流域截至1998年已建成大、中、小型水库1 631座,总库容347亿立方米。其中,大型水库26座,总库容315.94亿立方米;中型水库114座,总库容31.0亿立方米;小型水库1 491座。

⑬松花江流域已建成大、中型水电站有多少座,装机容量是多少?

松花江流域内已建成白山、丰满、红石、小山、镜泊湖和莲花共

6 座大、中型水电站，装机容量共 351 万千瓦。

⑭你能说出白山水电站的规模吗?

白山水电站位于第二松花江上游，控制流域面积 19 000 平方公里，是一座以发电为主、兼有防洪等综合效益的大型水电站。拦河坝为混凝土重力拱坝，最大坝高 149.5 米，坝身全长 676.5 米，最大库容 68.12 亿立方米。一期工程右岸地下厂房，装机 3 台，共 90 万千瓦，年发电 20.03 亿千瓦时；二期工程左岸引水电站，装机 2 台，共 60 万千瓦，年发电 0.37 亿千瓦时。此外，三期工程为抽水蓄能电站，装机 2 台，共 30 万千瓦，具有发电功能。

⑮丰满水电站的规模怎样?

丰满水电站位于第二松花江中游，控制流域面积 42 500 平方公里，是一座以发电为主，发电防洪并重，兼有灌溉、供水等综合利用效益的大型水利水电工程。丰满水电站 1937 年日伪时期始建，新中国成立后，对电站进行了续建、改建加固和扩建，使之成为一座真正为人民造福的电站。丰满水电站拦河坝为混凝土重力坝，最大坝高 91 米，堤坝全长 1 080 米，总库容 108 亿立方米。电站装机 12 台主水轮发电机组和 4 台厂用水轮发电机组，总装机容量 100.2 万千瓦。

⑯白山、丰满两水电站联合调度的效益如何?

白山水电站与丰满水电站相距 250 公里，在确保两电站大坝安全的前提下，汛期对洪水进行联合调度，力争发电、防洪双效益，对松花江流域的工农业生产和人民生命财产安全有着重要的作用。经设计研究和实地调度，选用各种不同优化方案，联合调度结果可提高丰满水电站出力 1.9 万千瓦，增加丰满电站发电量 0.46 亿千瓦时；当遇大洪水时，可充分利用两水库的调洪库容，白山水库可拦蓄第二松花江上游洪水 4.5 亿立方米，这将使丰满水库在百年一遇洪水时下泄流量减少 500～1 000 立方米每秒，大大减轻了吉林市以下第二松花江两岸的防洪负担，对松花江干流哈尔滨段的防洪提供了有利条件。

⑰你能列举多少座第二松花江上游的小型水电站？

第二松花江上游河流坡陡流急，两岸山体雄伟，水力资源丰富，有发展水电的优良条件，除已建一些大、中型水电站外，上游地区各县利用水力资源优势，因地制宜地建设了一批小型水电站，如抚松县建了 7 座，靖宇县建了 5 座，长白县建了 11 座，安图县建成 6 座，其中较大的有靖宇小营子电站，装机 3 台 2 400 千瓦；长白县的长白二级电站，装机 4 台 1 280 千瓦；宝泉山三级装机 3 台 12 000千瓦，其发电水头 225 米，是吉林省小水电站中发电水头最高的；安图县白河电站（即 302 电站），装机 2 台 6 000 千瓦；抚松县的北江电站，装机 4 台 12 800 千瓦。

⑱你知道镜泊湖水电站的规模吗？

镜泊湖水电站位于牡丹江中游，有新、老两个电厂，共用牡丹江上游镜泊湖水的自然落差发电。镜泊湖水库库容 16.25 亿立方米，发电兴利库容 9.44 亿立方米，水电站枢纽包括水库大坝（坝长 2 663 米，坝高平均 5 米）、引水及尾水隧洞（其长度均在 2 600 米以上)。新厂为首部开发地下引水式厂房,内装容量为1.5万千瓦的水轮发电机组4台;老厂为正向引水尾部开发的地面式厂房,内装两台单机1.8万千瓦的水轮发电机组。水电站总装机9.6万千瓦,年平均发电量3.2亿千瓦时,是一座中型水电站。

老厂建成于日伪时期,新厂为扩建工程,1968年开工,1978年10月建成。

⑲松花江流域有防洪要求的城市有几座,目前的防洪标准怎样?

流域内有防洪要求的城市有5座。哈尔滨市防洪标准为70年一遇洪水以上,齐齐哈尔可防御50年一遇的洪水,佳木斯防洪标准为30年,长春市目前可防御100年一遇的洪水,吉林市防洪标准可到100年一遇的洪水。

⑳嫩江流域内目前已建成的最大水库是哪一座?

1991年建成的洮儿河干流上游的察尔森水库,是嫩江流域目前最大的水库工程,控制流域面积7 780平方公里,土坝最大坝高39.7米,水库总库容13.65亿立方米。水库具有防洪、灌溉和发电等综合利用效益。

㉑松花江流域万亩(667公顷)和2万公顷以上的灌区有多少处?

据1997年统计资料,松花江流域内万亩(667公顷)以上灌区有261处,有效灌溉面积46万公顷;2万公顷以上的大型灌区有1

处，有效灌溉面积 2.3 万公顷。

㉒什么是“嫩江三引工程”？

“嫩江三引工程”是引嫩江水入“松嫩平原”的引水工程。按其在嫩江干流上的引水地点，分为北部、南部和中部三个引嫩工程，通称“三引”。“三引”是解决大庆油田用水和“松嫩平原”的农田灌溉，发展养鱼、育苇，改善草原，以及解决人民生活用水等的综合利用工程。其中，以 1972～1976 年建成的北部引嫩工程为最大，包括渠首工程、渠道工程、交叉工程和桥、涵、闸，以及大庆水库和红旗泡水库等蓄水工程，总工程量 2 600 万立方米。

㉓你能说出“引松入长”工程的规模吗？

“引松入长”工程从丰满水库下游吉林市上游，将第二松花江水通过抽引、输送，将水引入长春市。工程主要作用是缓解长春市的工业和居民生活用水困难。整个工程从第二松花江马家泵站开始，到长春市第一水厂受水地点止，全长 101.9 公里。其中，隧洞长 7.9 公里，其余均为地下暗管，除引水渠道马家泵站外，中途增设两个加压泵站，并进入石头口门水库，引水流量 16 立方米每秒。

㉔你能述说目前松花江流域的主要内河通航情况吗？

松花江流域航运主要为松花江干流、嫩江和第二松花江等河流。松花江干流通航河段为三岔河至同江，长 928 公里，有碍航浅滩 61 处，可通航千吨级驳船船队；第二松花江通航江段由丰满水库以下至三岔河，长 370 公里，可通航 300、600 吨级船舶。嫩江通航江段由富拉尔基至三岔河，长365公里，可通航300、600吨级船舶。三条江的通航时间均为4月下旬到11月上旬。

㉕"三姓浅滩"在什么地方？

"三姓浅滩"在松花江干流航道上，上距哈尔滨约300公里。浅滩上起沙河子，下至依兰镇，浅滩全长35公里。依兰清初时称"依兰哈喇"，满语"依兰"意为三，"哈喇"意为姓，故此又叫三姓，三姓浅滩也因此得名。浅滩处为石质河底，河床宽浅，当地江面宽1.5～2.0公里，是其上游江道宽度的2倍，且江中多江心岛、江心滩，将江道分割成数股水流，浅滩处枯水期航深仅1.0～1.5米，船队要减载航行或短期停航。有著名的小古洞浅滩、大古洞浅滩和满天星浅滩等，影响航行。

㉖什么是牧区黑灾？它对牧业有何危害？

牧区黑灾是指发生在冬季或初春的一种旱灾。当牲畜在无水或缺水的草场过冬时，主要依靠食雪解决饮水问题，如遇无雪或积雪过少的年份，牲畜吃不上雪因缺水而干渴，形成黑灾。东北地区内蒙古的呼盟、兴安盟和赤峰等地均有黑灾发生，时间是11月至翌年的3、4月出现次数较多。由于牲畜长期缺水、新陈代谢受阻，生理机能失调，出现体弱、掉膘及流行时疫，使牲畜出现死亡。

㉗"三江平原"为什么历史上称为"北大荒"？

三江平原位于黑龙江省的东部，因系黑龙江、松花江和乌苏里江汇流的自然冲淤所形成的广阔平原而得名。包括佳木斯、双鸭山、鹤岗、鸡西和七台河等5个省辖市所属的18个县，以及建三江、宝泉岭等4个国营农场管理局所属的51个国营农场和山区的8个林业局，总面积10.35万平方公里。

三江平原除上述3条江河外，还有倭肯河、蜿蜒河、穆棱河等16条支流。河流两岸有大片荒原。三江平原地势低下，河流无明显河槽，历史上洪涝频繁，加之开发较晚，人烟稀少，地理上位于我国东北部，故有“北大荒”之称。

㉘你能列举一些“三江平原”开发治理的简况吗？

新中国成立后，政府对治理和开发三江平原给予高度重视，首先在三江平原成立了以军垦为主的国营农场管理局，下设50余个国营农场。20世纪60年代和70年代，分别进行了两次“三江平原综合治理规划”，以水利为主，包括土地、林业和道路等各方面，其中水利规划的内容包括河流治理、治涝、灌溉、建水库、堤防和护岸等。三江平原有大面积的可垦荒原及众多国营农场，粮食商品率达50%～60%，既是黑龙江省的商品粮基地，又是国家重点商品粮基地之一。经过数十年的治理，基本完成了别拉洪河、安邦河、蜿蜒河等的治理及穆棱河等排水除涝工程，使耕地面积和粮食产量逐年增多，历史上的“北大荒”将毫无疑问地变成我国的“北大仓”。

㉙你知道松花江流域的自然保护区吗？

松花江流域共有范围大小不等、保护目的不同的自然保护区20处，比较著名和重要的有下列7处：①长白山自然保护区，保护以长白山天池为中心的整个自然环境和森林生态系统；②向海自然保护区，保护对象以丹顶鹤、白鹤等珍稀动物为主；③诺敏原始森林自然保护区，主要保护综合型落叶松、樟子松等森林及鹿、熊等；④五大连池自然保护区，主要对特殊地质地貌、火山地质地貌及矿泉水、溪水进行保护研究；⑤镜泊湖自然保护区，保护国家级地方公园、湖内风景区、原始森林和火山森林等资源；⑥松花湖自然保护区，保护综合型、湖水域及周围水源涵养林的森林生态环境；⑦扎龙自然保护区，主要对以丹顶鹤为主的6种珍稀动物进行保护。

㉚你知道水下岩塞爆破吗？

已建水库在需要进行输（泄）水洞施工时，由于进水口位于库水位以下，可以采用水下岩塞爆破的施工方法来形成进水口。东北地区采用这种施工方法的有清河地下电厂取水口（1971年）、镜泊湖发电厂输水洞（1975年）和丰满水库泄水洞（1979年）等工程。

我国规模最大的水下岩塞爆破工程为丰满泄水洞，岩塞直径为11米，厚度75米，其上覆盖层3.5米，岩塞下部设集渣坑，爆破工程共设8个药室，药包分3层排列，起爆采用复式串、并联结，共用炸药4 075公斤。爆破过程中，对大坝坝体、泄水洞爆破成型状况进行了监测，结果表明，爆破是成功的，为我国大型水下岩塞爆破施工积累了经验。

㉛你能简要说明松花江流域的水质情况吗？

根据调查和监测，松花江流域的水环境污染主要是以有机污染为主，以江河流经的城市江河段为重点，主要污染物是化学耗氧量、挥发酚和氨氮等。在参与河流水质评价的26个典型断面中，属于污染和重污染的断面占27.1%，轻度污染的占34.6%。主要受污染江段有吉林市、长春市、哈尔滨市、齐齐哈尔市、佳木斯市和牡丹江市等城市及其下游江段。

㉜《辽河流域规划要点》是什么时候编制的？

《辽河流域规划要点》是由水利部沈阳勘测设计院于1958年2月编制完成的。在《辽河流域规划要点》的指导下，辽河流域各省区进行河流开发治理，修建了大量的水利工程，初步形成了防洪、治涝、灌溉工程体系与可能的水电开发，并为主要城市供水提供了水源工程，取得了明显的除害兴利效果，有力地促进了辽河流域社会经济的发展。

㉝为什么要对《辽河流域规划要点》进行修订？

《辽河流域规划要点》是1958年编制完成的，随着社会经济的发展和自然条件的变化，对流域的开发治理提出了更高的要求，有许多问题需重新认识和深入研究，因此，对《辽河流域规划要点》进行全面修订是客观的要求，是十分必要的。

㉞《修订辽河流域规划报告》的主要内容是什么？

《修订辽河流域规划》是在现有治理开发的基础上，从实际出发，以防洪除涝、水资源利用、水资源保护和水土保持为主要内容，以2000年为近期规划水平年，对2030年发展水平的水资源供需作用概略分析。其基本内容是：

(1)完善防洪除涝工程体系，提高防洪除涝标准。

(2)挖掘水资源利用潜力,提高水资源的综合效益。

(3)加强水资源保护,改善环境。

(4)搞好水土保持,改善生态环境。

(5)开发水能资源,搞好中小型水电站规划,研究辽河干流复航的可能性。

㉟东北南部地区,历史上最早修建的防洪工程是哪一座?

据《辽史·地理志》记载,辽圣宗年间"大凌河砌石成堤,以防水患"。说明辽宁省义县北关大凌河护岸堤坝建于公元983年至1031年,是东北南部地区最早建成的防洪工程。

㊱辽河干流的堤防工程是什么时候开始修建的?

据《辽河冷家口开浚减河碑记》中记述:"辽河官堤之设,盖仿于有清康熙",之后到"清嘉庆年间,水患频仍,乃奏请筑堤"。尽管记述中缺乏筑堤地点、河段及堤防规模,但可以说明,辽河干流下游堤防工程始于康熙年间修建,嘉庆年间扩建。因此,当时记载"两岸筑长堤上下延袤二百余里,防筑坚固……"。

㊲浑河、太子河流域的堤防是什么时候修建的?

清雍正八年(公元1730年)为保护福陵(今沈阳东陵)前的河岸而修建的"三百六十丈"石堤,是浑河流城最早的堤防。雍正十三年(公元1735年),浑河洪水将石堤前平地冲刷,并将石堤西的河堤冲开了一段,清乾隆元年(公元1736年)对石堤进行了改建,两端延伸修建土堤。

据《辽阳县志》记载，太子河下游堤防始建于清道光年间（公元1821年至公元1850年），当时沿河居民为防护开垦土地免遭水淹，开始筑堤防水。筑堤先从下游开始，逐步向上游延伸。

㊳辽河流域已建成多少座大型水库，总库容是多少？

到1998年，辽河流域已建成大型水库17座，总库容121亿立方米。

㊴鸭绿江上有哪几座建成的国际界河水电站？

鸭绿江上中朝合建的界河国际电站有4座，由上而下，分别为云峰水电站，坝高113.75米，装机4台，总容量40万千瓦；渭源水电站，坝高55米，装机4台，总容量39万千瓦；水丰水电站，坝高106米，装机7台，总容量63万千瓦。此外，中朝还各建一个装机13.5万千瓦的小水电站，中方为地面式厂房，朝方为地下厂房；太平湾水电站，坝高31.5米，装机4台，总容量19万千瓦。所有水电站装机和发电量，中朝各占1/2。

㊵浑江上已建成几座大、中型梯级水电站？

浑江上已建成3座大中型梯级水电站，最上游的是桓仁水电站，坝高78.5米，装机3台，总容量22.25万千瓦；其下游是回龙山水电站，坝高35.0米，装机2台，总容量7万千瓦；最下游是太平哨水电站，坝高44.2米，装机4台，总容量16.1万千瓦。

㊶辽河干流东侧支流目前已建成哪几座控制性水库工程?

为了有效控制辽河东侧支流的洪水,在该地区建成4座大型水库工程,即清河上游的清河水库,控制流域面积2 376平方公里,坝高39.6米,总库容9.71亿立方米,其中,调洪库容5.05亿立方米;在清河支流叶赫河上的南城子水库,控制流域面积625平方公里,坝高30.1米,总库容2.06亿立方米,其中,调洪库容1.05亿立方米;柴河上游的柴河水库,控制流域面积1 355平方公里,坝高42.3米,总库容6.45亿立方米,其中,调洪库容3.87亿立方米;范河上游的榛子岭水库,控制流域面积369平方公里,坝高35.8米,总库容2.10亿立方米,其中,调洪库容0.93亿立方米。

㊷你知道东北地区有两座二龙山水库吗?

在辽河流域和松花江流域,各有一座二龙山水库。辽河流域在东辽河上游有座二龙山水库,坝高31.2米,总库容17.62亿立方米,为大型水库。在松花江支流蜚克图河上,也有一座二龙山水库,为中型水库,坝高22.0米,总库容0.94亿立方米。

㊸你知道西辽河地区惟一的控制性水利枢纽工程吗?

西辽河地区老哈河上游的红山水库是该地区惟一的控制性水利枢纽工程,控制流域面积24 486平方公里,坝高31.0米,总库容25.6亿立方米。

㊹西拉木伦河干流上建成的大型牧区水利工程是什么？

1978 年在西拉木伦河干流中游建成内蒙古东四盟(市)最大的牧区水利工程——海日苏枢纽工程，控制流域面积 2.6 万平方公里，拦河闸 24 孔，全长 360 米，设计泄洪量 4 120 立方米每秒，左岸 3 孔进水闸向达大台灌区供水，引水流量 120 立方米每秒；右岸 3 孔进水闸向幸福河灌区供水，引水流量 100 立方米每秒。海日苏枢纽设计灌溉面积共 3.3 万公顷。

㊺辽河流域内有防洪要求的大、中城市目前的防洪标准如何？

辽河流域内有防洪要求的大、中城市是沈阳、抚顺、本溪、辽阳、通辽、辽源和盘锦。目前，沈阳市防洪标准可以超过 100 年的洪水标准；抚顺市可达 100 年的洪水标准，本溪、辽阳两市在观音阁水库建成后，均可达 500 年的防洪标准；通辽市防洪标准为 50 年；辽源市目前防洪标准仅为 10～20 年；盘锦市防洪标准为 20 年一遇的洪水。

㊻辽河流域 2 000 公顷和 20 000 公顷以上的灌区有多少处？

1999 年辽河流域 2 000 公顷以上的灌区有 245 处，有效灌溉面积 73.7 万公顷。辽河流域现有 20 000 公顷以上的大型灌区有 5 处，有效灌溉面积 15.7 万公顷。

㊼新中国成立初期，辽河流域内有哪些水利工程？

1949年新中国成立时，辽河流域内有尚未完工的东辽河二龙山水库工程，已建成柳河上游的大型拦砂堰以及7座小型拦砂堰。灌溉工程有二龙山水库下游的梨树灌区和辽河干流下游的盘山灌区，以及辽、浑、太三河下游的一些堤防工程。

㊽辽河下游的双台子河是什么时候形成的？

公元1861年（清咸丰十一年）辽河大水，河水猛涨，下游右岸冷家口门段堤防溃决，顺原有的双台子潮沟冲刷形成新槽，分流入海，于是双台子河开始形成。

㊾西辽河上游台河口分流是什么时候形成的？

公元1894年（清光绪二十年）西拉木伦河大水，在下游西扎鲁特旗境内决口，水流沿原有台根河河道下泄，形成台河口分流，同时派生出新开河。新开河的形成，对分泄西拉木伦河洪水及灌溉新开河两岸干旱的土地，起到了较好的作用。

㊿你知道辽河为什么有两个入海口吗？

辽河古时称大辽河、辽水，原来下游流经外辽河，在海城市三岔河与浑河、太子河汇合后称大辽河，在营口市注入渤海，这时只有一个入海口。清代光绪二十年（公元1894年），在今盘山县境内疏浚开挖减河（今双台子河）后，则辽河分别在盘山县和营口市两个河口注入渤海。为使辽河、浑河、太子河洪水顺畅入海，并解决营口港淤积及三岔河地区排涝问题，1958年根据《辽河流域规划要点》的安排，在台安县与盘山县交界处的六间房附近将外辽河堵截，辽河干流来水全部由双台子河在盘山县注入渤海；浑河、太子河来水经大辽河在营口市注入渤海。如今，虽然辽河与太子河分别注入渤海，成为两个水系，但仍同属于辽河流域。

51 太子河干、支流上，已建成哪几座大型水库？

在太子河干流上游，已建成观音阁和参窝两座大型水库。观音阁水库坝高 82 米，总库容 21.68 亿立方米，其中调洪库容 5.81 亿立方米；参窝水库坝高 50.3 米，总库容 7.91 亿立方米，其中调洪库容 7.26 亿立方米。在支流汤河上，已建成汤河大型水库，坝高 48.5 米，总库容 7.23 亿立方米，其中调洪库容 3.74 亿立方米。三座水库的建成，可使本溪市防洪标准达到 500 年一遇，辽阳市的防洪标准提高到 500 年一遇，与下游堤防相配合，可使下游广大农田达到 20 年一遇的防洪标准。太子河水库与浑河大伙房水库联合运用，使下游浑沙、灯塔等灌区得到开发。

52 在辽西地区已建成和正在建设的大型水库有哪几座？

辽西地区的大、小凌河和六股河流域，已建成的大型水库有 4 座，即宫山嘴水库，库容 1.2 亿立方米；乌金塘水库，库容 3.2 亿立方米，龙屯，库容 1.08 亿立方米；大风口水库，库容 1.84 亿立方米。目前正在修建大凌河上游的白石水库。

53 “引碧入连”是什么样的工程？

“引碧入连”是一项跨流域大流量的城市调水工程。调水始于碧流河水库，终于洼子店水库受水池，全长69.11公里，渠首日供水能力130万吨，引用流量15.05立方米每秒，其作用是向大连市及调水路沿线城镇或农业供水。引水干渠为全封闭钢筋混凝土结构，工程由取水首部、暗渠、隧洞、倒虹吸、分水枢纽及防洪工程等组成。全线有暗渠19段，长43.25公里；隧洞9段，长15.8公里；倒虹吸9段，长9.07公里。

54 什么是"引洪淤灌"？它对农田起到什么作用？

在辽河上游的西辽河地区，河水含沙量高，河道两侧多沙地和低洼地，可以利用洪水期水流含沙量大的特点，将汛期洪水引入河道两侧低洼地及适宜的农田，以增加土地肥力，改良土壤，对抗旱防灾有重要的作用。其一，可增加农田水分，满足作物生长需要，并可保墒；其二，可增加土壤的有机质和腐植质；其三，可改造荒滩，扩大耕地面积。

55 你知道辽河的污染情况吗？

辽河流域水资源匮乏，水质污染严重，属水质污染型严重缺水地区之一。1998年水质评价结果表明，75%的河段水质为Ⅴ类和超Ⅴ类水质，部分河段水质已经丧失使用功能。水质污染已经造成严重经济损失。据统计，1974年以来，辽河流域发生突发性水污染事故130多起。水污染造成农业、渔业及人体健康等方面的损失每年达27亿元。1997年辽河被国务院确定为我国重点治理的三条河流之一。1999年3月，国务院将辽河列入我国重点治理的水污染防治"九五"计划与2000年规划。通过治理，到2010年辽河水质将变清，达到使用功能的要求。

56 辽河流域水土流失严重地区都在哪里?

辽河上游西辽河地区的老哈河、教来河以及西部柳河和绕阳河上游是辽河流域水土流失的严重地区,约有9.51万平方公里,占流域总面积的43.3%,尤其是柳河上游,水土流失严重,1982年被列为全国八大水土保持重点治理地区之一。

57 你能简略描绘一下柳河上游的水土流失情况吗?

柳河是辽河右岸一条多泥沙的河流,流域内分布着石质低山区、黄土丘陵沟壑区、沙化漫岗区和沙丘坨甸区,年土壤侵蚀模数为每平方公里5 000~10 000吨,属严重侵蚀地区,年输沙量2 058万吨,洪水挟带的泥沙有一半淤积在柳河河道内,其余泥沙输入辽河干流,使柳河口以下辽河支流严重淤积,影响泄洪与防汛,历史记载,柳河经常出现大洪水,且河道改道频繁,大小改道有20次之多。由于水土流失,河水泛滥,造成土壤肥力降低,有机质含量减少,农作物产量低下,公顷产量450公斤左右,山区生态环境恶化。

58 新中国成立后,国家对柳河的水土流失采取了哪些治理措施?

新中国成立后,国家对柳河的治理非常重视,1955年在《辽河流域规划要点》中,对柳河进行了水土保持规划,并进行小片治理,1965年和1970年,国家对闹得海拦沙堰进行了改建、维修和扩建,使之真正成为调洪滞沙的大型水库。1980年4月,辽宁省与内蒙古自治区研究成立了“治理柳河协作委员会”,进行统一的规划与治理。1982年,柳河上游列入国家水土保持重点治理区,加快了治理步伐。据1983~1985年统计,三年新增治理面积近6.7

万公顷,年均治理进度达5.3%,水土保持林、谷坊工程、农田改造和塘坝、淤地坝等发展迅速,特别是以小流域为单元的治理,治一片成一片,形成规模。人均粮食占有量提高到535公斤,人均收入增加,生态效益与社会经济效益明显提高。

㊾目前辽河流域内有哪个河段可以通航?

历史上辽河干流是通航河道,最盛时,航船由营口可以直达三江口与郑家屯。浑河由沈阳到三岔河,以及太子河由辽阳到三岔河,也可通航小型木船。随着河道淤积及其他原因,通航河段越来越少。目前,只有下游大辽河由田庄台到营口河段仍在维持航运。

㊿西辽河干流两岸堤防有多长,其作用如何?

西辽河干流自苏家堡起,到东西辽河会合口处,两岸堤防总长554公里,其中,左岸堤长288公里,右岸堤长266公里,可防御20年一遇的洪水。

61 二龙山水库以下,东辽河干流两岸堤防有多长?

二龙山水库以下,东辽河干流两岸共有堤长412.6公里,其中,左岸堤长196.6公里,右岸堤长216公里,可保护东辽河两岸吉林省梨树县、怀德县、辽宁省昌图县以及内蒙古自治区的科左后旗共计7.3万公顷耕地。目前,二龙山水库与堤防相配合,可防御10~20年一遇的洪水。

㊷福德店以下，辽河干流堤防有多长？

辽河干流从福德店至河口，两岸共有堤防长620.5公里，其中，左岸堤长314.6公里，右岸堤长305.9公里。

干流堤防又可分为两段，福德店至清河口为上段，两岸堤防总长119.1公里；清河口以下至河口为下段，是辽河干流的主要堤防，两岸堤防总长501.4公里，共保护农田面积37.7万公顷，堤防的防洪标准为20年一遇的洪水。

㊸浑河、太子河堤防有多长，其作用如何？

浑、太河地区是辽宁省的经济发达地区。浑河自沈阳以下，两岸堤防长260.4公里，其中，左岸堤长130公里，右岸堤长130.4公里，保护耕地15.4万公顷，经上游大伙房水库调节洪水后，堤防可达到20年一遇的防洪标准。太子河自辽阳以下，两岸堤防长210.3公里，其中，左岸堤长102.7公里，右岸堤长107.6公里，保护两岸农田14万公顷。上游干流观音阁、参窝两座水库及支流汤河水库共同对洪水进行调节后，堤防可达到20～50年一遇的防洪标准。

㊹你知道辽河流域内发展小型水电较好的地区吗？

辽河上游西拉木伦河上游的内蒙古克什克腾旗境内，目前建成了8座小型水电站，即响水、龙口、胡家湾子、金桥、五道石门和上湾子Ⅰ、Ⅱ级等，是辽河流域内发展小水电较好的地区之一。

㉟为什么组建“三江口联防”?

东辽河二龙山下游堤防,左岸是吉林省梨树县和辽宁省昌图县,右岸是吉林省怀德县、双辽县和内蒙古自治区的科左后旗,没有统一管理,1986年汛期洪水较大,上下游与左右岸汛情传递不畅通,上游堤防已经决口,下游群众还在堤上防汛。鉴于此,1986年之后,组建了东西辽河三江口地带联合防汛办公室,进行统一调度,建设了联合防汛的无线电短波单边带通信网,可使上下游与左右岸及时通报汛情,进行联合调度,避免不必要的洪涝损失。

㊱东北地区修建的第一座大型水利枢纽是哪座?

我国第一个五年计划期间,1953年开始兴建浑河大伙房水库工程,这是在辽河流域,也是东北地区修建的第一座大型水利枢纽,坝高49.2米,总库容21.87亿立方米。

㊲你知道我国第一大的人工湖是什么湖吗?

松花湖位于吉林省长春市东南24公里处,上游有雄伟的丰满水电站截流大坝,拦腰切断江水,形成坝长达200公里的人工湖——松花湖。湖形狭长,湖面总面积500平方公里,最宽处10余公里,最深处75米,最大蓄水量108亿立方米,是中国最大的人工湖。

湖中盛产鲫鱼、白鱼及鲤鱼。春天,绿树葱茏,白帆点点,旖旎的风光可与太湖相媲美;入夏,可击浪游泳,怡然垂钓;秋季,天高气爽,群峰披红结翠;隆冬,雪辅山原,玉树银花。

⑥⑧你知道历史上曾有过开凿松辽运河的计划吗？

松辽流域的北水南调工程，亦称引松济辽或松辽运河，是一项宏伟的水利工程体系。在历史上就曾有过开凿松辽运河的设想。

据史志记载，清康熙二十二年（公元 1683 年），曾设想开辟辽河至松花江，再溯江至瑷珲的水路联运；清光绪三十二年（1906 年），正式提出开凿松辽运河；民国初期（1912～1913 年），曾调查过松辽运河线路；1917～1919 年，伟大的革命先行者孙中山先生，在他的《建国方略》中也提出了修建松辽运河的战略设想。

新中国诞生后，1955 年春进行辽河规划，开始研究松辽运河，进行了大量基础工作和规划研究工作，先后完成了几座水库的简化初步设计文件和松辽运河规划报告，并于 1960 年筹建了松辽运河工程局等施工机构，后因国民经济计划调整而于 1961 年停建。

主要参考文献

1 水利部松辽水利委员会.中国江河丛书,松花江卷.北京:水利电力出版社,1994

2 王季平编著.长白山志.长春:吉林文史出版社,1989

3 高砚编著.北国江河.哈尔滨:黑龙江科学技术出版社,1994

4 谷长春,车书栋编著.话说吉林.北京:人民日报出版社,1988

5 《水利天地》杂志社主编.水科学与水文化.哈尔滨:黑龙江科学技术出版社,1991

6 水利部规划计划司,水利部办公厅.跨世纪的中国水利.北京:水利电力出版社,1997

7 国家统计局主编.中国统计年鉴.北京:中国统计出版社,1998

8 苗枫林编著.共和国的1 000个第一.济南:山东画报出版社,1999

9 张子桢主编.中国地理知识.北京:中国青年出版社,1982

10 崔粲,杜尚侠主编.辽海文化.北京:人民教育出版社,1996

11 辽宁人民出版社编.辽宁风物志.沈阳:辽宁人民出版社,1985

12 《东北文史丛书》编辑委员会.奉天通志.沈阳:沈阳古旧书店出版社,1983

13 吉林省水利厅编纂.吉林省水利志.长春:吉林人民出版社,1997

14 辽宁省计划委员会编.辽宁国土资源.沈阳:辽宁人民出版社,1987

图书在版编目(CIP)数据

松花江、辽河300问/王俊杰主编.—郑州:黄河水利出版社,2000.1(2000.11重印)
(中国江河百问丛书)
ISBN 7-80621-275-2

Ⅰ.松… Ⅱ.王… Ⅲ.①松花江-基本知识-问答 ②辽河-基本知识-问答 Ⅳ.K928.42-44

中国版本图书馆CIP数据核字(2000)第58183号

中国江河百问系列丛书总策划:骆向新 张保印

责任编辑:朱兰琴 武会先　　装帧设计:朱 鹏
责任校对:赵宏伟　　责任印制:常红昕

出版发行:黄河水利出版社
地址:河南省郑州市金水路11号 邮编:450003
发行部电话:(0371)6302620 传真:6302219
E-mail:yrcp@public2.zz.ha.cn
印 刷:黄河水利委员会印刷厂

开 本:850mm×1168mm 1/32　　印 张:4.75 插 页:7
版 次:2000年1月 第1版　　字 数:110千字
印 次:2000年11月 郑州第2次印刷　　印 数:6401—7400

定 价:14.00元